Younao Kaifa Qinzi Youxi

右脑开发亲子游戏

王学贤　刘燕
著

中国纺织出版社有限公司

内容提要

人的大脑分为左脑和右脑，左脑具有语言功能，右脑具有形象思维能力。人的右脑蕴藏无限的潜能，0~6岁正是大脑发育的黄金时期，此时运用游戏对孩子的右脑进行针对性的训练，对于孩子日后的智力提升和潜能发展大有裨益。

本书正是针对学龄前孩子所著的右脑开发读物，且寓教于乐。书中游戏能有效地激发孩子超强的记忆力、高度的专注力、敏锐的观察力、丰富的想象力、快速的理解力，同时增强孩子的自信心，开阔孩子的视野，进而帮助开发孩子右脑的各种潜能。

图书在版编目（CIP）数据

右脑开发亲子游戏 / 王学贤，刘燕著.--北京：中国纺织出版社有限公司，2022.5
ISBN 978-7-5180-9350-2

Ⅰ.①右… Ⅱ.①王… ②刘… Ⅲ.①智力开发—学前教育—教学参考资料 Ⅳ.①G613

中国版本图书馆CIP数据核字（2022）第027683号

责任编辑：闫 星　　责任校对：高 涵　　责任印制：储志伟

中国纺织出版社有限公司出版发行
地址：北京市朝阳区百子湾东里A407号楼　邮政编码：100124
销售电话：010—67004422　传真：010—87155801
http://www.c-textilep.com
中国纺织出版社天猫旗舰店
官方微博 http://weibo.com/2119887771
三河市延风印装有限公司印刷　各地新华书店经销
2022年5月第1版第1次印刷
开本：880×1230　1/32　印张：6.5
字数：92千字　定价：39.80元

凡购本书，如有缺页、倒页、脱页，由本社图书营销中心调换

前言

当今社会，随着竞争压力的逐渐加大，人们的生活节奏加快，对于很多父母，尤其是新手父母来说，养育孩子成了一件非常困难的事。除了喂养孩子，还要教育孩子。面对母乳喂养、更换尿布、制作辅食等婴幼儿的基本护理，不少新手父母也许能逐渐熟练，但是涉及孩子的大脑开发、心智培养、勇气培养等教育问题，一些父母可能就迷茫了。

在孩子的大脑开发中，右脑开发尤为重要。1981年，美国加州理工学院的罗杰·斯佩里博士，通过对裂脑人的一系列实验研究，发现了大脑左右两半球功能的不对称性。左脑和右脑分工不同，它们既可以统一合作，又可以各行其是。斯佩里教授因此获得了诺贝尔生理学或医学奖。

简单来说，左脑是语言脑，右脑是形象脑。左右脑分工有所不同，功能也有所差异。左脑具有语言功能，擅长逻辑推理，主要储存人出生以后所获取的信息，完成语言的、逻辑的、分析的、代数的思考认识和行为。右脑具有形象思维能力，但不具有语言功能。主要负责直观的、综合的、几何的、绘图的思考认识和行为。人类右脑蕴藏着无限的潜能，有着无法想象的强大功能。那些智力超出常人的人，都是右脑发达的人。

0~6岁，是孩子成长和脑部发育的关键期。右脑在这一时期的发育水平会影响孩子将来的心智及性格。我们也可以这样认为，孩子在幼儿时期所处的环境将影响他们的一生。了解这一点之后，我想大家也就能够理解为什么我们常说"幼儿时期是人一生中的关键时期"了。很多家长正是理解了这一点，才开始重视并认真践行儿童早期教育的。

那么，如何对学龄前的孩子进行右脑开发呢？

我们建议家长还是要从孩子最喜欢的游戏着手，寓教于乐，避免教育活动的枯燥。对于孩子来说，游戏就是学习，为了寻找更加全面的训练途径，我们写了本书。

本书本着"心灵教育"的宗旨，汇集了右脑开发的丰富内容，包括如何开发孩子超强的记忆力、高度的专注力、敏锐的观察力、丰富的想象力、快速的理解力，以及如何增强孩子的自信心，同时针对年轻父母在亲子早教过程中遇到的种种烦恼，逐一提供解决策略，这也是本书的特点之一，希望能对广大的父母有所帮助。

著者

2022年3月

目 录

第01章 抓住右脑开发的关键期 / 001

引导和提高孩子的能力，6岁以前很关键 / 002

右脑是高速无意识运转的大脑 / 006

了解儿童左右脑发展的规律 / 009

孩子的右脑开发越早越好 / 013

及早挖掘和引导孩子的天赋 / 018

为孩子创造益智的环境，有益于孩子的右脑开发 / 022

第02章 专注力训练游戏：超强注意力让孩子更细腻 / 027

词语思维：训练孩子认真听的习惯 / 028

拼图游戏：要求孩子有持续不断的专注力 / 031

找差异训练：认真专注的孩子才能找出差异 / 034

扑克游戏：训练孩子的注意力和快速反应能力 / 037

开火车游戏：让孩子做到口、耳、心并用 / 040

多米诺骨牌：培养孩子的耐心 / 042

摞杯子：有效延长孩子注意力集中的时间 / 044

盖瓶盖：有效提升孩子的注意力品质 / 046

卡片配对：培养孩子的注意力和观察力 / 048

分豆豆：训练孩子的专注力 / 051

第03章　记忆能力训练游戏：让孩子在玩乐中提升记忆力 / 055

玩具捉迷藏：不断引导孩子主动去记忆 / 056

重复手势舞："重复"是记忆力提高的要点 / 059

找积木：调动孩子的注意力和记忆力 / 061

橱窗里有什么：让孩子学会形象记忆 / 063

小小传话员：锻炼孩子记住他人说的话 / 066

背电话号码：让孩子学会快速阅读和记忆 / 069

少了什么东西：带领孩子认识和记住家中的东西 / 071

记路线：让孩子记住回家的路 / 074

依次说名称：引导孩子学会排序 / 077

记忆力大比拼：让孩子主动记忆 / 079

第04章　观察力训练游戏：练就孩子敏锐的洞察力 / 081

看蚂蚁：激发孩子的好奇心和观察兴趣 / 082

我是小动物：提升孩子的视觉追踪能力 / 085

这是什么蔬菜：增长孩子的生活常识 / 088

森林聚会：引导孩子认识各种动物 / 091

光影游戏：提升孩子的视敏度 / 094

认地图：锻炼孩子观察力的持久度 / 096

水少了吗：引导孩子观察后再思考 / 098

找不同：引导孩子在观察中开动脑筋，积极思维 / 101

大自然真神奇：让孩子亲近自然 / 103

第05章　想象力训练游戏：激发孩子的创造性 / 105

大自然的印记：创造从观察开始 / 106

胡思乱想：引导孩子天马行空地想象 / 109

折纸：发展孩子的想象力和形象思维能力 / 111

今天我来讲故事：鼓励孩子随意想象和编造故事 / 113

自制布偶：开发孩子的想象力 / 116

拼贴画：让孩子按照自己的想象创造 / 120

堆雪人：让孩子根据自己的想象力塑造形象 / 122

想象字母：让孩子自由地想象和创造 / 125

第06章　推理能力训练游戏：培养孩子严谨的思维习惯 / 127

找宝藏：激发孩子一步步探究的兴趣 / 128

积累日常生活经验：训练孩子的观察和推理能力 / 130

自制望远镜：提高孩子的推理能力 / 133

拍手掌：让孩子学会认识数字 / 135

数独游戏：锻炼孩子的逻辑思维和推理能力 / 137

迷宫游戏：培养孩子仔细观察、思考的能力 / 140

排豆子：让孩子找出事物间的类比关系 / 142

交替摆放豆子：引导孩子按照规律自己做决定 / 144

分纸片：提升孩子的分类归纳能力 / 146

举一反三：培养孩子的逻辑思维能力 / 149

第07章　空间感知力训练游戏：帮助孩子打好空间思维基础 / 151

镜子游戏：让孩子学会分辨真假自我 / 152

结构游戏：与孩子一起搭建"作品" / 154

象棋识字游戏：培养孩子初步的空间感知力 / 157

斗鸡：训练孩子单脚站立的能力 / 160

包袱、剪子和锤子：发展孩子弹跳的能力 / 163

给宠物搭建窝：让孩子感知方位和提高动手能力 / 165

画简易地图：让孩子感知空间方位 / 167

钻呼啦圈：训练孩子身体协调和空间感知能力 / 170

"投币"游戏：帮助孩子体会不同大小物品之间的关系 / 173

抛接球：促进孩子空间知觉的发展 / 175

第08章 艺术感知力训练游戏：小小艺术家要从小培养 / 177

一起画画：培养孩子对色彩的识别与感知力 / 178

听声音猜乐器：训练孩子对音乐的感知力 / 181

剪纸：让孩子按照自己的想象剪出事物 / 184

听高雅音乐：开启孩子的音乐天赋 / 187

和妈妈一起插花：开启孩子的审美启蒙 / 190

苹果丰收：让孩子跟着音乐跳舞 / 193

参考文献 / 196

第 01 章
抓住右脑开发的关键期

作为父母,我们都希望孩子能拥有一个聪明的大脑,因为聪明的大脑能让孩子在以后的人生道路上更容易成功。人的大脑分为左脑和右脑,左脑是语言脑(意识),右脑主管的是知觉、图形、色彩、旋律、想象,右脑开发的侧重点是想象力和创造力的开发,它对于塑造孩子的性格、培养孩子的高效记忆、激发孩子的艺术天赋等都起着至关重要的作用。教育心理学专家认为,人脑在3岁以前完成60%的发育,6岁以前完成90%。因此,开发孩子的右脑,需要从小开始,家长要做好孩子智力开发的第一任老师。

引导和提高孩子的能力，6岁以前很关键

在教育孩子这一问题上，可能很多家长会认为，培养孩子应该在孩子成长到一定阶段后，最起码是上小学后才开始。但其实这种观点是错误的。一个人，随着年龄的增长，他对周围的环境会越来越适应，身体机能不断发展，内在能力却逐渐消失。因此，专家建议，培养孩子各方面的能力，越早越好，这也是现代家庭越来越重视孩子早期教育的原因。

大量的科学研究表明：儿童的潜能培养遵循着一种奇特的规律——天赋随着年龄的增大而递减，教育得越晚，儿童与生俱来的潜能就发挥得越少。

每个人从来到这个世界开始，就具有某种潜在的能力，而出生后的前几年，正是开发和挖掘这种潜能的最佳时期。假如我们把一个孩子生来就有的潜能以100分来计算，如果我们从5岁开始教育孩子，那么，他长大以后可能有80分的能力；而从

10岁开始教育，就只能达到60分；从15岁开始教育的话，孩子的能力还能不能被挖掘出来都尚未可知。

也有家长认为，如果一个孩子真的有天赋，那么，他就并不需要接受特别的教育。事实上，人的大脑在刚开始发育时是大脑感应度最强的时期，随着年龄的慢慢增长，感应度开始逐步减退，就和绷紧了的弦慢慢松弛下来一样。

同样，孩子的智力开发也是如此。美国科学家布卢姆曾就儿童心理发展上的关键期问题，对近千人进行了跟踪观察。他通过分析实例，提出一个重要的假设：5岁前是儿童智力发展的最佳时期。

他提出，如果把17岁时所达到的普通智力水平看作100%，那么从出生到4岁，就获得50%的智力，从4岁到8岁又能获得30%的智力，而余下20%的智力则是在8~17岁这个时期获得的。

尽管人们对布卢姆的这个假设还有争议，但是对从出生到8岁这一时期是人的智力发展最快时期的论点，看法都是一致的。他们认为婴幼儿期、童年期最容易接受外界刺激，最容易形成大脑神经连接。

儿童心理学工作者也认为：4岁前，是儿童发展形象视觉和口语语音的最佳时期；5岁是掌握数概念的最佳时期；5~6岁是丰富口语词汇的最佳的期；7岁是儿童品德形成的最佳时期。如果在这些关键期里能对儿童进行及时的教育和培养就可以取得事半功倍的效果。

也就是说，早期教育能造就天才，儿童的能力如果不在发展期内进行培养，就会出现能力潜力逐步递减的现象。

当然，家长在对孩子进行早期教育时，还需注意两个问题。

1. 不能拔苗助长

一些家长对孩子期望太大，害怕孩子输在起跑线上，因此，在孩子学龄前，他们就开始对孩子进行各种智力投资，让孩子学这学那。殊不知，重视孩子的早期教育是好事，但如果太过心急，反倒会起到反作用。

2. 注意方法，最好能寓教于乐

生活中，就有一些父母，在孩子很小的时候，就想让孩子识字，但他们却不讲教育方法，仅仅在纸上写几个字，让孩子照葫芦画瓢，进行模仿。这样教育，孩子毫无兴趣，自然也学不好。而父母却认为孩子是在偷懒，往往采取惩罚的手段。这样的教育方法，只会让父母累、孩子苦，但收效甚微。这种教育方法还会造成孩子的逆反心理，在上学之后，也会对学习发怵，甚至出现逃学的行为。

因此，对孩子进行早期教育，我们一定要重视方法，最好能寓教于乐，因为对于婴幼儿阶段的孩子来说，本身他们大部分的时间都是在玩中度过的。因此，当你的孩子开始在草地上摸爬滚打的时候，千万不要喝止他们，这是引导孩子掌握平衡和灵活性的最佳时期。如果你的孩子大一点了，你可以放手让他和同龄孩子一起做游戏。

这样，在玩乐中，孩子的智力、想象力、创造力、与人交往的能力等都得到了锻炼，这些都是将来接触社会时必须掌握的。

因此，我们可以说，让孩子在婴幼儿时期有充分的玩耍机会，对于孩子的智力和非智力因素的发展都是极为重要的，同时，也能避免孩子出现某些身心上的障碍。

很多父母没有意识到儿童的智力发展潜力是随着年龄增长而在递减的，早期教育是开发儿童潜能的必要方式之一，早期教育更容易造就天才。你要知道，越早对孩子进行教育，开发他们的潜能，他们成功的概率就越大。但同时，我们也要注意方式方法，不可操之过急。

右脑是高速无意识运转的大脑

对于人类大脑的研究是科学界从未停止过的课题，也一直是未被完全揭开的科学奥秘。现如今，我们知道，人脑重约1.4千克，由140亿个神经细胞组成，是人体中最为复杂的部分。

人脑由大脑、小脑、间脑、脑干组成。其中大脑是中枢神经系统的最高级部分，也是脑的主要部分。大脑分为左右两半球，由神经纤维构成的胼胝体相连。

大脑表面并不是光滑平整的，而是有许多弯弯曲曲的沟裂——脑沟，其间凸出的部分称为脑回。这些脑沟、脑回使大脑表面就像一块皱拢起来的绸布。如果我们将其铺平的话，它的面积像半张普通报纸大小，约2250平方厘米。

左半脑主要负责逻辑理解、记忆、时间、语言、判断、排列、分类、逻辑、分析、书写、推理、抑制、五感（视觉、听觉、嗅觉、触觉、味觉）等，思维方式具有连续性、延续性和分析性。因此，左脑可以称作"意识脑""学术脑""语言脑"。

右半脑主要负责空间形象记忆、直觉、情感、身体协调、视知觉、美术、音乐节奏、想象、灵感、顿悟等，思维方式具有无序性、跳跃性、直觉性。所以右脑又可以称作"本能脑""潜意识脑""创造脑""音乐脑""艺术脑"。

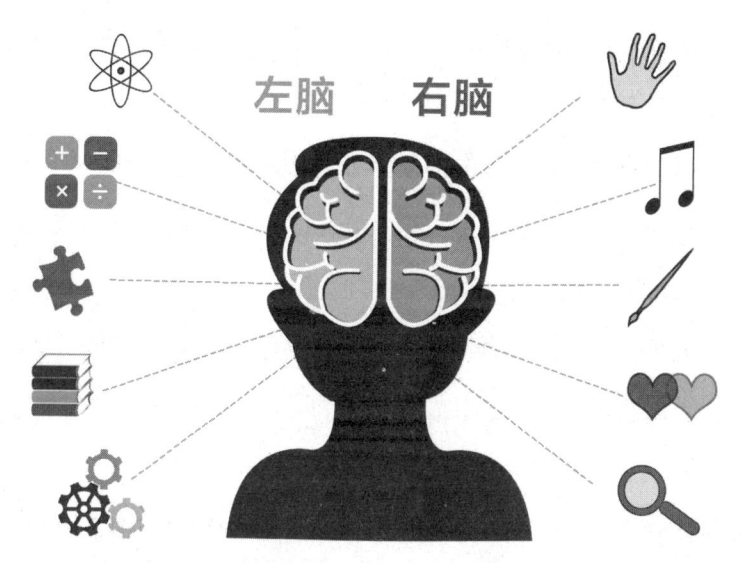

左右脑的功能划分是不同的，它们的工作效率也有很大差距。左脑工作的速度非常缓慢，但右脑却能超高速地处理进入大脑的各种信息。

举个简单的例子，我们的手头有一本需要读的书，运用左脑阅读我们大概要花费10天时间，而运用右脑，可能我们只需要10分钟时间。那么,造成这么大差距的原因是什么呢?

这要归结于左右脑处理信息的方法差异。运用左脑看书,是需要一点一滴地去理解、记忆,当阅读了新的内容后,之前阅读的部分很可能就忘记了;而运用右脑阅读,记忆就不是片段式的,而是整体的,这样,每个部分之间的联系也可以一眼就比较出来。

此外,左脑的创造力相对贫乏,因为创造力与想象能力、直觉能力有着密切的联系;而右脑能够在瞬间把握整体,这样就可以用直觉修改错误的部分,对信息加以整理。因此,真正的创造力存在于右脑之中。而只能一部分、一部分理解的左脑几乎无法获取灵感或应用直觉。

我可以将右脑的功能总结为4点:共振共鸣能力;照相记忆能力;高速、大量记忆能力;高速、自动处理能力。

右脑还具有一次性大量接受并记忆信息的能力,还可以自动理解信息间的法则和原理,然后超高速地自动处理接收到的这些信息。

在儿童成长过程中,家长也要认识到对儿童右脑开发的重要性,且开发得越早越好,最好是在6岁以前就开始,这对于儿童智力开发和发展大有裨益。

了解儿童左右脑发展的规律

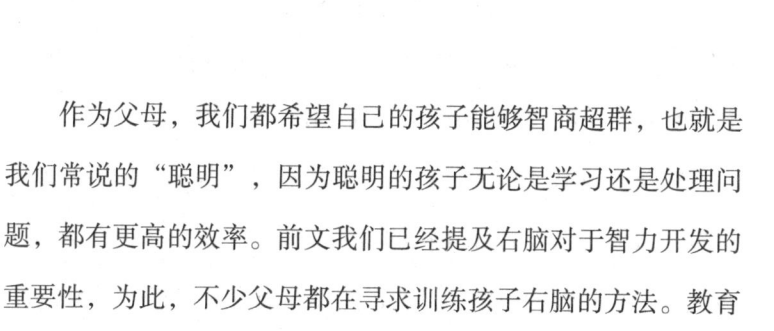

作为父母，我们都希望自己的孩子能够智商超群，也就是我们常说的"聪明"，因为聪明的孩子无论是学习还是处理问题，都有更高的效率。前文我们已经提及右脑对于智力开发的重要性，为此，不少父母都在寻求训练孩子右脑的方法。教育专家建议，我们在寻求这些方法之前，有必要先了解儿童的左右脑智力发展规律，了解其中的规律，才能对症下药，找到训练的方法。

那么，儿童左右脑发展的规律是怎样的呢？

1.儿童智力发展的初始阶段（0~2岁）

在这一年龄段，孩子对外界的判断力来自父母，父母说什么是对的，他们就认为什么是对的。

在孩子的所有感觉系统中，最先发展起来的就是触觉，然后是嗅觉、视觉和听觉。因此，父母在家庭教育中，可以让孩子多触摸，不仅包含让孩子触摸不同的玩具、物品等，还包括父母、照料者多触摸孩子，给孩子拥抱、抚摸等，因为这也是一种交流，因为这一时期的孩子是无法用语言和父母交流的，他们的左脑尚未被开发。

在0~2岁的时候，孩子的心智还处于开发的关键期，此时，我们可以采用早教的方式来进行刺激，比如让孩子听音乐、看图画等。不过，我们需要注意的是，人类文化对2岁前的教育和刺激不超过1/4的比例，3/4要在自然中形成。

毕竟无论音乐再美妙，也是无法和自然界的鸟叫声、水流声以及大海的波涛声相比拟的。人类乐器的美妙声音是来源于自然和模仿自然的，但却没有自然界的声音所拥有的真实。

2. 右脑高速发展的阶段（3~7岁）

这一阶段，儿童的所有行为都是围绕学习展开的，即便是游戏也是如此。

教育专家建议，此时对孩子进行智力和心理的教育，要在游戏的前提下，寓教于乐，而不是规规矩矩让孩子学习。

对于7岁以前的孩子，不要急着发展他的文字能力，因为在人类的头脑发展中，左脑比右脑发育更迟，经历的自然进化时间更短。人类从远古时代到现在，经历了几千万年的时间，而语言文字相对来说只是"新鲜事物"。

儿童教育家陈鹤琴曾说:"从出生到7岁是人生重要时期,儿童的习惯、语言、才能、思想、态度、情绪等都要在此时期打好基础,如果基础不牢固,那健全的人格就不易造就了。"

事实的确如此,这一年龄阶段的孩子年龄小、经验少、爱玩、喜欢模仿,最易受周围环境影响,这时养成良好的行为习惯既容易又牢固。在这一阶段如果教育得法,引导得当,可以增强儿童的自我意识和集体荣誉感,进而慢慢形成认真、诚实、负责和助人为乐的精神品质,进而为孩子以后的幸福人生打下基础。

3. 左右脑共同发展期(8~11岁)

此时,人的右脑也趋于发展成熟,左右脑继续活跃发展,此时的孩子已经有了一定的理解和思考能力,在遵守规则方面也变得容易很多。右脑的发展特征与左脑不同,右脑发展不用分类、系统、完整的方式去刺激,要用散乱的、片断的、零散的、边缘化的、非中心的、非系统的方式去刺激。

右脑的主要任务不是学习、逻辑分析等,而是创造,任何知识需要以未分类的方式去引导才能保障右脑充分地成长。

4. 左脑发展的高速期(12~15岁)

这个阶段的孩子喜欢推理。因此,在中学阶段有了物理这一学科,这是因为孩子已经开始可以逐一归纳、分类和逻辑理解了。如果孩子被限制在狭小的家庭内，不接触外界，在物理学习上就会出现困难。那些从小喜欢看星星、观星象的孩子，在学习天体物理时就会轻松很多。因此，要想提升孩子在中学阶段的学习兴趣，关键还是从小培养孩子广泛的兴趣爱好。

5~15岁的孩子，他们的生活主要以学习为主，且十分关注自己能否从学习中获得成就感，因此，父母也要关注孩子的学习感受，不要过分关注客观成绩。中学的家长要关注孩子如何习得有效的学习方法并增进效率，不要太在意孩子在班上的成绩排名。

孩子到了16岁以后，其智力结构差不多形成了，高中生多半已经显现出自己的学习特色，只有会学习的孩子才能进入好的高中，也只有能在学习中感觉良好的孩子才能会学习。

因此，了解人类智力发展的规律至关重要，这能帮助我们重视关键期教育，从而自觉投入孩子的早期教育实践中。

孩子的右脑开发越早越好

作为父母，我们都希望能培养出聪明的孩子，而一个孩子是否聪明，常常以智商高低来衡量。专家认为，0~8周岁是幼儿智力开发的关键时期，约占孩子17周岁前整个智力开发的80%，并且右脑潜能开发的时间越早越好，这是由孩子幼儿期的生长发育特征和心理特征决定的。

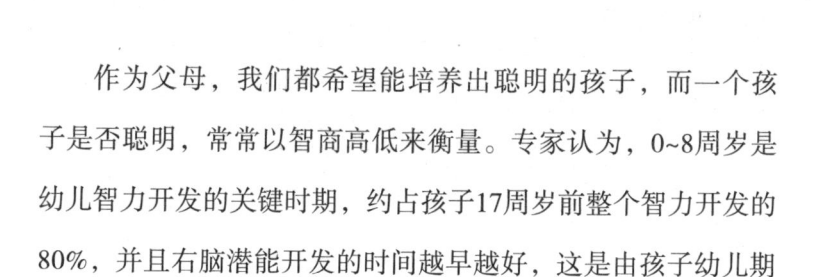

右脑主要负责控制感觉和想象力的发展，如果在孩子的幼儿期能有意识地加强对其右脑的开发，对孩子成年后的创新能力能起到积极的作用。

人的脑部发育，会影响其能力发展水平，而人的大脑可以分为左脑和右脑。左脑主要负责理性、语言、文字和分析等方面的内容，而右脑则负责音乐、形象、经验、直观等方面的认识。想要提高孩子的思维能力，就必须促进孩子的右脑发育。

那么，促进孩子的右脑开发有哪些好处呢？以下是总结出来的几点。

1. 提高语感

家长平时多注重孩子的右脑发育，可以使孩子的形象思维策略得到较好的实施，因此，孩子的语感能力也就相对变得更强了。

2. 利于右脑健康

人的大脑就像是一部机器，如果长时间没有使用，那么就容易生锈作废。因为平时孩子经常使用左脑，所以家长就应该多培养孩子的右脑，这样才能对孩子的右脑健康有帮助。

3. 培养创新能力

右脑能力强的孩子，他们的创新能力也比较好，一旦潜能被激发，那么右脑功能就会被发掘出来，而孩子的创造力也相应增强。

4. 增强记忆能力

有些孩子记忆力非常强，有些孩子的记忆力却很差，这就源于右脑的开发程度差异。如果平时多注意孩子的右脑发展，那么，孩子的记忆力会比那些仅仅使用左脑的孩子要强得多。

5. 提高判断能力

孩子的右脑发育得好，往往判断能力也比较强，直觉比较准确，在分析问题上可以快速得到判断结果。

此时，一些父母可能会产生疑问，如何促进孩子右脑发育呢？

1. 用益智游戏开发孩子右脑

想要开发孩子的右脑，还必须借助孩子感兴趣的游戏。毕竟成长中的孩子最喜欢的就是玩和游戏，寓教于乐，这样效果才会更好，而且孩子右脑发育也会更快。

2. 多引导孩子展开联想

平时孩子遇到问题，家长不要急于告诉孩子答案，而是要多引导孩子独立思考和联想，这样对于孩子右脑发育是很有帮助的。

3. 多用左侧身体活动

左侧的身体多活动，对于右脑发育有一定的帮助，因此，平时可以适当锻炼孩子用左脚、左手做事情。

4. 重视才艺的培养

多培养孩子才艺方面的能力，这能有效促进孩子的右脑发育，并有利于孩子成为一个综合能力强的孩子

另外，家长在家庭教育中，还要为孩子提供良好的教育环境。

那些记忆力、判断力强，智力超常的孩子，大多来自氛围轻松的家庭，在这样的家庭里，他们有积极动手和动脑的机会。

比如，我们可以为孩子提供一个旧的闹钟，让孩子动手拆卸，了解其原理，这不但培养了孩子的动手能力，还开发了孩子的智力。

同时，开发孩子的右脑，也不只是让孩子整天沉浸于自己感兴趣的事中，还要让他们多了解周围其他事物，多与人交往，培养孩子活泼开朗的性格。

可见，在任何家庭中，父母要想培养出聪明的孩子，就要尽早注重对孩子右脑的开发，这无论是对孩子日后的知识学习，还是对孩子各方面能力的开发，都十分有益。

及早挖掘和引导孩子的天赋

作为父母,我们都希望自己的孩子在某一方面有特殊的才能,也就是天赋。天赋是孩子右脑发达、智商高的一种表现。天赋能让孩子产生热烈的学习兴趣,并形成自己的竞争力。然而,不少父母会说,"我的孩子就是个普通人,哪有什么天赋""孩子越长大越没出息了"……那么,现在,你不妨来回想下,当你的孩子唱歌跑调时,你是否立即上前纠正,并且还说:"别再折磨我们的耳朵了!"女儿把刚从幼儿园学到的舞蹈跳给爸爸看,爸爸看完后笑得肚子都痛了,最后给了女儿一句评价:"宝贝,你的舞蹈好奇怪呀!"于是,孩子再也没有了唱歌和跳舞的勇气了。要知道,孩子小时候很敏感,作为他最亲近的人,父母都这样对待他的"作品",这对他的心理将会造成很大的伤害。这些消极的声音会严重地打击他的积极性,阻止他沿着天赋的道路继续走下去。

因此，作为父母，我们要明白，每个孩子都是有天赋的，但是孩子的右脑如果不尽早开发，孩子的天赋就无法被挖掘出来。开发孩子的天赋要越早越好，儿童教育专家也认为，孩子的天赋，3岁就能看出来，而对其天赋能力的开发，要在其童年时进行。当你发现孩子在童年时对某一方面表现出兴趣，千万不要扼杀和打压孩子，而应该给予他积极的鼓励，有位妈妈这样述说自己在培养女儿音乐天赋上的成就感：

"我的女儿是有音乐天赋的。在幼儿园时老师就称赞她，主要是她唱歌的音调、节奏都不错。回到家，女儿会自己打开音响，播放贝多芬和郎朗的钢琴曲。我不会去强迫她学音乐，但我会支持她。所以从老家搬出来以后，我特地买了一套音响设备和贝多芬的全套钢琴曲，还有郎朗的钢琴曲。先是我在用餐时放郎朗的曲子，很快她就喜欢上并习惯听了，还说郎朗是她的最爱！不久我换了贝多芬的曲子，她也慢慢习惯听了，到现在，她会主动在用餐时间放曲子。"

对于音乐的感知力是右脑功能的一个方面，那些有某些艺术才能的孩子，往往都有右脑发达的特点，我们的父母可以向案例中的这位母亲学习，支持和鼓励孩子，挖掘孩子的天赋，让孩子受益终身。

在支持和鼓励孩子天赋这一问题上，我们父母要做到以下几点。

1. 鼓励孩子大胆尝试

孩子都是充满好奇心的，他们很喜欢尝试，对此，家长应给予鼓励和指导，千万不要打击孩子的积极性，即便孩子做错了，也不要训斥，要无条件积极地关注自己的孩子，鼓励和帮助他们树立自信心，战胜挫折，远离无助感。

2. 不要用成人的眼光去评价和打击孩子

孩子或许会喜欢唱歌、跳舞或者其他活动，但孩子毕竟还小，他们对该活动还没有进行过系统学习，因此我们不能用成人的眼光去评价孩子的歌声，更不要去打击他。

比如，如果孩子咿咿呀呀唱歌，你却嘲笑孩子跑调，这看似无伤大雅，但却会给孩子留下心理阴影。所以，无论孩子做得如何，我们都应该给予他鼓励，支持他，让他尽情发挥天分。

3. 支持孩子的天赋

孩子在某一方面再有天赋，如果得不到父母的支持，都会化为泡影，都不能使孩子走上正轨。我们只有做好了充分的准备，才能为孩子的天赋开掘出一条壮阔的通道，让孩子们的智慧之泉流淌。

有位母亲产生了这样的疑问："当我女儿在桌上不断地用手指比划着想象在练琴时，如果我们真的向她提供一架钢琴，这到底是件好事还是坏事？假如我们这样做了，孩子的想象力是不是就得不到应有的锻炼了？"

这个母亲的担心的确有一定道理，然而还是应该为女孩提供真正的钢琴。因为孩子的这一想象中的需求如果得不到满足，她的想象力一样会受到限制，天赋也不会得到开发。如果她拥有了梦寐以求的东西，就会得到及时的训练，提高自己的能力，甚至想象自己已经成为一名伟大的音乐大师。很多音乐家就是这样成长的。永远不要担心孩子的想象力会穷尽，因为一个想象的满足，会激发更新、更高的想象。

总之，童年是开发孩子右脑和培养他们天赋的重要时期，一旦发现孩子的天赋，父母就要积极地把它引导出来，这样，孩子所具备的那些天赋才会成为他终身的财富。

为孩子创造益智的环境，有益于孩子的右脑开发

教育心理学家认为，越早"动"、"动"得越多的婴儿未来越聪明。另外，孩子右脑的开发与周围环境有很大的关系。研究发现，家庭的社会经济地位和母亲的受教育水平会显著地影响儿童的智商水平。为什么一些孩子比较聪明，原因自然有许多，但最重要的一点是后天环境潜移默化的影响。对家长来说，为孩子积极创造益智的环境尤为重要。那么，怎样为孩子创造益智的环境呢？

1. 扩展孩子的生活面

扩展孩子的生活面，能为孩子提供新颖的刺激，促进孩子的接受能力不断扩展。孩子刚出生不久，家长可摇铃铛给他听，挂彩色气球给他看。因为婴儿正是在不断对外界环境信息进行接收与反应的过程中，提高了大脑和各种器官的灵敏性，进而加速了智力发展的进程。

家长应经常带孩子去接触一些他没有见过的东西，逐步扩大他的眼界和经验。例如，可带孩子去动物园看看各种动物，或带孩子去儿童游乐活动场所。孩子走出了家门，看见、听到各种各样新颖的东西和声音，就会产生一种新鲜感，激起孩子的兴奋点，使他较长时间地集中注意力，从而提高他的观察力、想象力、记忆力，为其将来的学习奠定基础。

2. 要给孩子自由，不宜过分限制他的活动

孩子的世界和成人的世界是不同的，对于他们成长道路上看到的很多事物，他们都会感到新奇，都有想探索的欲望，这也是孩子在成长过程中的一种本能的需要。对此，我们应该尊重孩子，让孩子自由探索，这样，他才能有更多的生活体验，才能成长得更快。假如我们剥夺了孩子的这种权利，那么，他们就体验不到这种乐趣，也会变得越来越没有自信。

孩子的智力主要是在活动中发展起来的，活动能力是孩子智力水平高低的标志，限制孩子的活动就意味着限制了他的智力发展。孩子的天性是活泼好动的，只要他能拿到或搬动的东西，都可能成为他的玩具。如把地上拾到的小木棍插在沙土里，自称在"种树"；把漏勺放在水桶里搅，说是"捞鱼"。这在许多家长看来是"胡闹"，因为家长只要求孩子干净、整齐、听话和守规矩，这种对孩子的限制会使孩子变得怯懦，不

敢说、不敢笑、不敢跑、不敢跳。这种过分限制孩子活动的教育方法是极为有害的。家长应多带孩子去户外活动玩耍，多让孩子在操场上、公园里自由地游戏，玩沙土、爬小山坡、奔跑、跳跃。

3. 为孩子精心准备"精神营养"

孩子的童年都爱玩，自然离不开玩具。玩具也可以帮助孩子开发智力，但并非所有的玩具都是益智的。家长在为孩子挑选玩具时，首先要考虑到孩子的智力水平，选购最能促进孩子智力发展的玩具，如小积木、拼插车板和塑料的小家具等。这些玩具可帮助孩子辨别不同的形象与颜色，辨别物体对思维能力的提升与发展大有益处。

图书对于激发孩子智力有其独到作用。以图为主的绘本，为孩子提供了生动的直观形象。但由于孩子理解能力欠缺，家长应帮助他理解作品的内容，可先给孩子讲一两遍，然后让他自己重述其内容，这有助于孩子的智力发展。

另外，为孩子创造益智环境，最重要的一点是父母要善于寓教于乐，要认识到游戏对于成长中的孩子右脑开发的重要性，最好根据孩子的右脑发展状况进行游戏训练。和孩子一起玩玩具，不但能引导孩子多动手，还能开发孩子的想象力，这对于孩子未来的学习和智力发展都大有裨益。

第 02 章
专注力训练游戏：超强注意力让孩子更细腻

现代家庭中，在孩子的教育问题上，越来越多的父母开始认识到注意力对孩子的重要性。良好的注意力是儿童终身学习的有力保障，但注意力并非儿童天生具备的能力，是需要通过后天的煅炼不断提升的。然而，我们发现，孩子做事情有个很大的特点，那就是注意力不稳定，易分散，尤其是对自己不感兴趣的事情，更是不会投入注意力。对此，我们可以与孩子一起多开展一些游戏活动，通过游戏来提升孩子的注意力。

词语思维：训练孩子认真听的习惯

注意力是孩子成长道路上绝对不能被忽略的一项能力。孩子游戏玩耍时需要注意力，否则无法体会到酣畅淋漓的快乐；学习时需要注意力，否则无法真正学习到知识；在与人交往时也需要注意力，只有这样才能与他人建立起最基本的联系……对于孩子来说，良好的注意力可以帮他打开心灵的窗户，让他能更广泛、更深入地接触、认识并了解这个世界。法国生物学家乔治·居维叶说："天才，首先是注意力。可以说，人类认识世界的一切信息与智慧，都是借由注意力才获得的。"作为大脑进行感知、思维、记忆、逻辑判断等所有认识活动的基本条件，注意力是一切认识的基础。训练孩子的注意力，首先要训练孩子认真听的习惯，词语思维这一游戏就能起到这样的作用。

游戏准备

家长营造良好的游戏氛围。

操作方法

家长逐个念出准备好的词语,孩子认真听,当听到电器就马上举起右手,当听到学习用品就马上举起左手,都不是就不举手。

这些词语有凳子、课桌、洗衣机、篮球、电视机、自行车、书包、电冰箱、作业本、葡萄、空调、电风扇、电话机、被子、杯子、钢笔、手机、篮球、羽毛球、打火机、飞机、刀剑。

训练指南

孩子的大脑在不断地发育成长,在训练孩子的注意力前,我们首先要了解不同年龄段的孩子注意力到底可以集中多长时间。

一般来说,孩子能保持注意力集中的时间随着年龄的增长而延长。

1岁以下的孩子注意力的集中时间不超过15秒;1岁半的孩子对感兴趣的事物则可以集中注意力5分钟以上;2岁的孩子集

中注意力的平均时间大约为7分钟；3岁的孩子平均为8分钟；4岁则为12分钟；5岁为14分钟；小学低年级的孩子一般可以集中注意力20分钟左右；10~12岁的孩子为25分钟；12岁以上的则可以达到30分钟。

拼图游戏：要求孩子有持续不断的专注力

拼图是二维空间中最有效的集中注意力的练习项目，要求孩子在相当长的一段时间内，保持判断力、想象力和分析能力。而这种游戏的挑战性，又会给完成游戏的孩子带来成就感。事实上，成就感是这个年龄段的孩子能将注意力集中到底的一个巨大推动力

目前，市面上孩子能玩的拼图游戏有很多种，各种图案，各种材质，甚至片数和难易程度也不同。所以家长们选择时要注意和孩子沟通，根据孩子具体的年龄、性别、兴趣爱好等选择孩子喜欢的拼图游戏，这样才能让孩子玩得更持久，让拼图更有价值。

游戏准备

拼图玩具。

操作方法

第一步，当家长将拼图玩具的一些分散部分交到孩子手上时，要先问孩子："这个画是什么？"只有让孩子明白拼图上画的内容，孩子才能按照自己的思路拼出"作品"。如果孩子回答不上来，则可以带领孩子观察拼图的颜色、造型的特点，让孩子充分掌握材料。

第二步，看图拼接，先让孩子学习看总图样，教会孩子分析总图样。如拼大公鸡，图纸上大公鸡头朝上打鸣，就要教会孩子掌握公鸡各部分在图中的方位，然后观看和寻找不同方位的拼图块。

第三步，教孩子拼搭技能，配对颜色，配对造型，配对线条。

需要提醒大家的是：家长在为孩子选择拼图时，最好选择品牌的拼图，材质要安全，以避免孩子吞食，不能带毛刺，避免划伤小朋友的皮肤。

其实，拼图玩具可由家长自己制作，选用旧日历、照片或图片中的内容，剪成4块或8块即成。

家长们要注意多带孩子一起玩拼图，在游戏中引导孩子发挥更多的创意和想象力，让有限的拼图发挥无限的价值，让孩子爱上拼图，同时又培养亲子之间的感情。

训练指南

拼图游戏是一种非常好的开发智力的游戏，可以调节孩子的多重感官。能安静、专注地做拼图游戏的孩子都是非常有耐心的而反过来说，玩拼图可以锻炼孩子的耐心。在拼图过程中不断地比较和尝试拼凑，可以锻炼孩子的手眼协调能力，培养他们专注的精神。除此之外，拼图游戏还能帮助孩子培养成就感，当一堆凌乱的玩具被孩子拼凑在一起成为一幅美丽的画面时，孩子快乐的心情可想而知。此时，家长一定要表扬孩子，这会给予孩子前进的动力，让孩子有一种成就感，这也是孩子日后自信心的源泉。

找差异训练：认真专注的孩子才能找出差异

作为家长，我们都深知，专注是一种良好的助人成功的品质，而注意力不集中是很多孩子进入学校以后不认真听讲、学习成绩不好、生活习惯不好的重要原因。任何好的行为习惯都是长期积累的结果，而不好的行为习惯也是，包括注意力不集中。我们发现，任何一个学习成绩优异的孩子，都具有专注认真的学习习惯。反过来，我们培养孩子认真倾听的习惯，也有助于孩子专注力的训练，"找差异训练"就能达到这一目的，因为孩子唯有认真听句子中的词句，才能在这一游戏中获胜。

游戏准备

纸和笔。家长营造轻松的游戏氛围。

> **操作方法**

家长可以先在纸上写出两句仅有部分差异的句子,然后对着孩子念出来,让孩子认真听,看看孩子能不能找出其中的差异,以下是两组家长可以使用的句子。

第一组:

甲:树林里的树木和花草们沐浴着大自然的阳光和雨露,自由自在地成长。

乙:森林里的树木和花草们沐浴着大自然的阳光和雨露,自由自在地生长。

第二组:

甲:我有一个美丽的梦想,长大后做一个植物学家,种出世界上最美丽的花送给妈妈。

乙:我有一个美好的梦想,长大后做一个植物学家,种出世界上最漂亮的花送给妈妈。

这里需要注意的是,为了激发孩子参加游戏的兴趣,爸爸妈妈可以先让孩子来阅读句子,自己来找差异,然后和孩子换一换角色,让孩子参与其中。

训练指南

专家建议，对于1~4岁阶段的孩子，父母没必要拔苗助长。这个年龄段的孩子需要的是发现生活和感受生活，尤其是那些细节，从细节中培养专注力，这样他们才会变得更加优秀。

最好的培育孩子的方式并不一定都在远方，往往就在我们眼前，甚至是一些看起来简单无聊的小细节。比如有些父母带孩子去公园玩，孩子在沙堆里玩得很开心，而在一旁陪着孩子的父母却无法理解沙堆这么无聊的东西，孩子为什么会玩得那么开心。其实，对于孩子来说，这是一个很好的认知能力培养的过程。

扑克游戏：训练孩子的注意力和快速反应能力

注意力是指人的心理活动指向和集中于某种事物的能力。而孩子的注意力主要就是指孩子专心做事、专心想事的能力。在学校学习中，注意力就代表孩子能够集中注意力完成学业的能力。注意力是每个人都应该具备的基本能力，因为每一个人都需要一定的专注能力，才能够更好、更高效率地做一件事情。如果孩子一直无法做到注意力集中的话，也会给孩子带来很多的危害，父母要引起重视，尽早干预和影响，以帮助孩子尽快调整。

扑克牌有不同的数字、花色和图案，扑克游戏能让孩子们在玩游戏的过程中训练观察力和专注力，如果孩子能始终记住扑克牌，则他的注意力就很高。

游戏准备

三张不同的牌。

操作方法

在一沓牌中随意取出三张不同的牌（花牌），随意排列在桌上。比如，从左到右依次是红桃2、梅花3、方块4，选取一张要记住的牌，如红桃2，让孩子盯住这张牌，然后把3张牌倒扣在桌上，由家长随意更换3张牌的位置，接着，让孩子报出红桃

红桃2在哪里呢？

2在哪儿。如果孩子说对了,就胜,两人轮换进行游戏。

随着孩子能力的提高,家长可以增加难度,如增加牌的数量,增加变换牌位置的次数和提高变换牌位置的速度。

扑克游戏能培养注意力的集中度,由于是游戏,符合孩子的心理特点,非常受孩子欢迎,孩子参与的积极性很高。每天坚持玩一会儿,孩子的注意力会有所提高。

训练指南

对于孩子来说,他们最大的兴趣就是玩,一些父母认为孩子会沉迷游戏,其实不然,对于6岁以前的孩子,在家长的带领下做游戏,有家长的监管,不必过于担心。

开火车游戏：让孩子做到口、耳、心并用

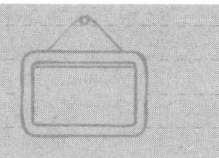

注意力是孩子认识世界的第一道大门，是感知觉、记忆、学习和思维等能力发展不可缺乏的先决条件。在日常生活中，一些孩子在上学后出现注意力不集中，在课堂上好动、爱做小动作、发脾气、不自信、爱捉弄人等情况时，我们就要格外重视。我们可以带领孩子从小做一些集中注意力的游戏，比如开火车游戏是一个锻炼注意力的竞赛类游戏。孩子如果想在这一游戏中取胜，就必须努力集中自己的注意力，控制自己不分散注意力，这样获胜的概率才会更高。

游戏准备

这种游戏要三人以上共同参与，一家三口就可以完成，当然如果有爷爷奶奶或其他人参加，那就更好了。为了叙述的方便，现以三人为例。

操作方法

三个人围坐一圈,分别代表不同地方的火车站名,游戏时,每人报上一个站名,其他人就要接着用语言来开动"火车"。例如,爸爸当北京站,妈妈当上海站,孩子当广州站。爸爸拍手喊:北京的火车就要开。大家一齐拍手喊:往哪开?爸爸拍手喊:广州开。于是,当广州站的儿子要马上接口:广州的火车就要开。大家又齐拍手喊:往哪开?儿子拍手喊:上海开。这样火车开到谁那儿,谁就得马上接上。火车开得越快越好,中间不要有间歇。谁没有接上,就被踢出局,让家中剩下的成员补上。

训练指南

开火车游戏游戏很简单,但是通过简单的游戏却可以很好地增进亲子之间的感情。另外,由于玩这种游戏要做到口、耳、心并用,所以能让注意力高度集中,同时也锻炼了思维快速反应能力,而且这种游戏气氛活跃,能调动人的积极性,孩子玩起来,乐此不疲。

多米诺骨牌：培养孩子的耐心

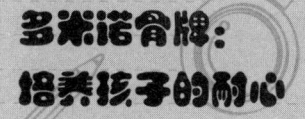

多米诺骨牌，起源于中国，是一种用木制、骨制或塑料制成的长方形骨牌。多米诺骨牌是一项能培养创造能力、增强自信心、品位高雅的娱乐活动，而且不受时间、地点的限制，对开发参与者的智力、创造力和想象力，对训练参与者动手能力、思维能力都非常有好处。更重要的是，它能够培养参与者的意志，最大限度地发扬团队精神。

大约有七成难以集中注意力的孩子，通过这个骨牌堆放的游戏，其耐心得到了长足的进步。多米诺骨牌训练其实是考验孩子能将单一的动作坚持多久的一个训练。

游戏准备

多米诺骨牌。

操作方法

多米诺骨牌的游戏规则非常简单，只需要将骨牌按照一定的间距依次排开，可以摆成单列，也可以摆成多列；可以摆成直线，也可以摆成曲线，甚至是复杂的图形。摆放完成后，推到第一张骨牌，就可以使相邻排列的骨牌依次倒下，从而形成一条长龙或一幅图案。

多米诺骨牌的训练对延长心神专一、注意力集中的时间很有帮助。而把几百块骨牌瞬间推倒的快感，也能促使孩子对训练的单调产生耐受性。因此，只要最终有快乐和成就感，孩子就可以逾越集中注意力所产生的单调感。

训练指南

家长可以购买现成的多米诺骨牌，也可以自己动手制作。如今的多米诺骨牌花色繁多，但一般有8种"基本色"。家长可以根据需要，选择合适的产品。

摞杯子：有效延长孩子注意力集中的时间

在任何一场游戏中，孩子如果想在游戏中取胜，就必须努力集中自己的注意力，克制自己不让注意力分散，这样获胜的概率才会更高。所以我们平时可以鼓励孩子多玩一些提升注意力的游戏。摞杯子游戏就需要孩子有高度的注意力。

游戏准备

准备5~6个颜色各异的塑料（纸）杯子。

操作方法

这一游戏适合已经有一定动手能力的孩子，家长可以准备5~6个颜色各异的塑料（纸）杯子，让孩子一个一个地往上摞，并及时提醒他，不要将杯子弄倒。这可以有效延长孩子的注意力时间，还能培养他的调控能力。

如果孩子全部都能摆好，妈妈要表扬孩子，并且随着孩子年龄的增长，可以增加游戏的难度，杯子的数量也可以增加。不过难度不宜太大，孩子做不好游戏，产生挫败感，对于孩子自信心的建立也有影响。

训练指南

孩子在玩摆杯子游戏的时候，可能会更喜欢推倒摆好的杯子。这个时候，家长不需要感到生气，孩子推倒杯子只是因为这样会发出声音，而且"很有趣"。家长要鼓励孩子的这种破坏、再创造的行为，逐渐引导孩子自己再把杯子摆起来。

盖瓶盖：有效提升孩子的注意力品质

注意力是智力的基本要素之一，是记忆力、观察力、思维力、想象力的基础。不少家长认为孩子年龄尚小，调皮是正常的，长大就好了。这是有一定道理的，但是通过后天的、有针对性的培养和训练，孩子的注意力也是能够得到很大提升的，注意力品质也能得到很好的改善，孩子个性上的缺点也就能够得到很好的弥补。

"盖瓶盖"是很多孩子喜欢的游戏之一，这一游戏训练孩子手眼协调的动作，让孩子学会主动思考。

游戏准备

这一游戏适合11~12个月的孩子，需要准备一些空塑料瓶以及一些与之匹配的瓶盖。

操作方法

这是一个配对游戏,家长将家里的一些喝完的饮料瓶拿出来,将瓶身和瓶盖分开,分成两堆,让孩子来配对,给瓶子"戴上合适的帽子"。

你要鼓励孩子认真观察,认真区分瓶盖的大小。孩子在给瓶子盖盖子的同时,手部的肌肉也能得到训练。当然如果孩子拧盖子太困难,我们可以要求孩子只把盖子扣上。

在这一游戏中,如果家长增加一些奖励机制或者竞赛机制,小朋友应该会很乐意参加。请家长不要于急于求成,而把时间拉得太长。学龄前小朋友维持专注力的时间在10~20分钟就已经很不错了。

训练指南

注意力发展有其自身的规律,并且孩子的大脑发育、成长环境、家长影响等都对孩子注意力的发展有影响。因此,想要改变孩子注意力不集中的问题,提高孩子的注意力,家长们一定要克服粗暴、焦虑的心态,要认识到合理要求孩子的重要性,寻找适合孩子的方法,循序渐进,持之以恒。

卡片配对：培养孩子的注意力和观察力

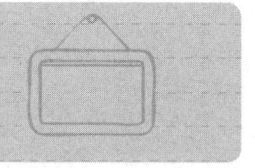

对事物进行观察并作相似性联想是练习注意力的目的之一，有计划、有步骤培养孩子敏锐的观察能力有助于养成缜密的思维方式和严谨的性格。"卡片配对"便对培养孩子的注意力和观察力很有益处。这种训练设计得好，可以一直持续做好几年。关键要掌握卡片之间差别的程度，要恰到好处，有难度还要有成就感，孩子才有兴趣。

游戏准备

几对不同图案的卡片。

操作方法

妈妈可以带孩子坐在软垫或者毯子上，然后在孩子面前放几对不同图案的卡片。

第02章 专注力训练游戏:

妈妈从中抽出一张卡片说:"现在请将另一张相同的卡片找出来。"

孩子听到后会迅速找出另一张相同的卡片。

两张卡片摆放在一起,妈妈说:"完全正确。"

这里,妈妈最好选择一些颜色鲜艳的卡片图案。为了提高难度,可以多准备几组卡片,图片之间的差别可以不太大。

如果孩子的积极性不高,可以先和他做些其他事情,然后再玩。如果幼儿找不出来,可以为其提供必要的帮助。

训练指南

卡片配对游戏可以培养孩子的注意力和观察力，同时也是一种感官训练，在游戏过程中，孩子在一段时间内盯视一个目标，而不被其他的图像所吸引。这种感觉上的专心训练是进行注意力训练的有效技术手段。

分豆豆：训练孩子的专注力

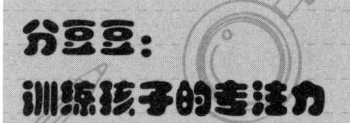

孩子到了2岁以后，已经能区分一些常见的颜色，此时，给孩子一些颜色不同的豆子，让孩子做分豆豆游戏，能培养孩子的专注力。分豆豆游戏适合2~6岁的，2岁以下及语言沟通困难的孩子玩时要谨防其吞咽豆子。每种分法适应不同阶段的儿童，应循序渐进。奖励是孩子游戏中必不可少的一个环节，采用比赛形式更加有助于游戏开展。

游戏准备

需要准备多种颜色的豆子，如黑色、白色、绿色、黄色、红色等，每种豆子大约100克。

操作方法

第一步，妈妈将容器中的黑色豆子和白色豆子混在一起，然后让孩子将他们区分开。

第二步，按照上面的方法，让孩子将混在一起的黄色和红色的豆子也区分开。

第三步，让孩子区分3种颜色（黑色、红色和白色的豆子混在一起）的豆子。

第四步，让孩子区分4种颜色（黑色、红色、黄色和绿色的豆子混在一起）的豆子。

第五步，让孩子区分5种颜色（黑色、红色、黄色、白色和绿色的豆子混在一起）的豆子。

孩子每次将豆子分开来，奖励一块金币巧克力。

设计儿童益智游戏的原则是，提高儿童的认知能力、分辨能力、注意力。分豆豆游戏按照循序渐进的原则，是能够适应儿童心理和能力的游戏。

训练指南

在人的智能结构中，幼儿的许多知识技能都是在操作活动中学会的，其思维也是在操作活动中逐渐发展的。因此，为孩子提供各种动手操作的机会，既满足了他们的动手兴趣，又能促进孩子思维发展的形式就是游戏。游戏是促使幼儿运用智慧的活动，在游戏中，孩子的感知觉、注意、记忆、思维、想象都在积极活动着,孩子需要不断地解决游戏中面临的各种问题,这使孩子的思维活跃起来,能有效促进孩子的注意力、记忆力、思维力、想象力的发展,同时也促进孩子动手能力的发展。

第03章
记忆能力训练游戏：让孩子在玩乐中提升记忆力

孩子早晚要长大，要进入学校学习，并逐渐面临升学压力。在学习中，那些记忆力强的孩子往往学习效率更高，所以说孩子的超强记忆开启智慧之门。孩子记忆力的好坏并不是天生的，而是后天训练和培养的。对此，我们要在孩子还小的时候就对其进行训练，陪孩子做记忆能力游戏，培养孩子的超强记忆能力，让孩子在未来能掌握更多的知识。

玩具捉迷藏：
不断引导孩子主动去记忆

学习是孩子获取知识的重要途径，因此，如何获取好的学习方法、提升学习效率，是每个孩子都在寻求的答案。然而，要想让我们的孩子在未来善于学习且学习效率高，前提是保证孩子有个好的记忆力。

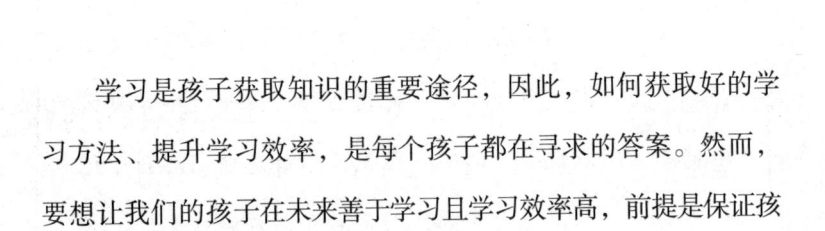

所谓记忆，指的是经历过的事物在头脑中保持和重现的心理过程。有没有记住，主要看能不能再认，能不能回忆和能不能复做。记忆是一个复杂的系统工程，"记"和"忆"是两个不同的过程，记是把知识输入存储到大脑的过程，忆是从脑中调取输出所需信息的过程。孩子要想记得牢，就要学会主动去"记"，这一点，我们需要对孩子从小进行训练，其中，玩具捉迷藏游戏就能调动孩子主动记忆的兴趣。说起捉迷藏，家长是不是小时候都玩过呢？这可不是大家小时候玩的捉迷藏，这个相对来说较为简单一些。

游戏准备

准备6~7个玩具。

操作方法

妈妈可以当着孩子的面,将玩具藏到家里的各个角落,再让孩子找出来,看看孩子能找到几个。也可以加大难度,指定孩子去找哪个玩具,看孩子能不能找到。另外,为了增加游戏的趣味性,家长可以和孩子一起玩,看谁能够找到的多,然后建立奖惩制度,赢的人可以得到一朵小红花或者一个小动物的贴花。这样,能够让孩子在游戏的过程中,不断提高记忆能力。

训练指南

记忆是人类认识和改造世界的基础,是人类智力活力的一个重要组成部分。每个正常人都具有记忆的条件和能力,每天都在和记忆打交道,每时每刻都在自觉或不自觉地记忆。

人脑网络系统的复杂程序远远超过全世界全部通信网络。一生孜孜不倦学习的人,其大脑存储的知识相当于美国国家图书馆的50倍。实际上,任何一个智商高的人,他们都比其他人更容易获得学习能力和知识,而其中重要的一点原因就是因为他们有着超强的记忆力。但人的记忆力不是天生的,科学家认为,记忆力的高低归根结蒂取决于"记忆术"的训练。在家庭教育中,家长也可以通过一些训练让孩子获得超强记忆力,这是开发孩子右脑的重要方面。

重复手势舞："重复"是记忆力提高的要点

对于任何人来说，有记忆就有遗忘。减少、延缓知识的遗忘，是很多人都在寻求的。艾宾浩斯遗忘曲线是对遗忘进程的直观描述。人们可以从遗忘曲线中了解遗忘规律并加以利用，从而提升自我记忆能力。该曲线对人类记忆认知研究产生了重大影响。

游戏准备

家长营造轻松欢快的游戏氛围。

操作方法

家长可以对孩子做几个简单的手势，让孩子模仿。一遍做完之后，再重复几遍，然后看孩子能否自己做这几个手势。家长可以从少到多，依次增加难度，避免孩子因为过难而失去兴趣。可以做的手势有：握拳、剪刀手、伸出五个手指头、伸出大拇指等。家长还可以一边做手势，一边说："石头，剪刀，布，孩子你真棒！"

训练指南

什么是遗忘曲线呢？

德国实验学习心理学的创始人艾宾浩斯曾在1885年发表了他的实验报告。在实验过程中，被试着首先记忆一些由字母随机组成的假词，如wxdyn，然后每间隔一定时间测量记忆的剩余量（还记得几个假词）。根据记忆后的时间间隔和记忆剩余量绘制的曲线就是遗忘曲线，如下：

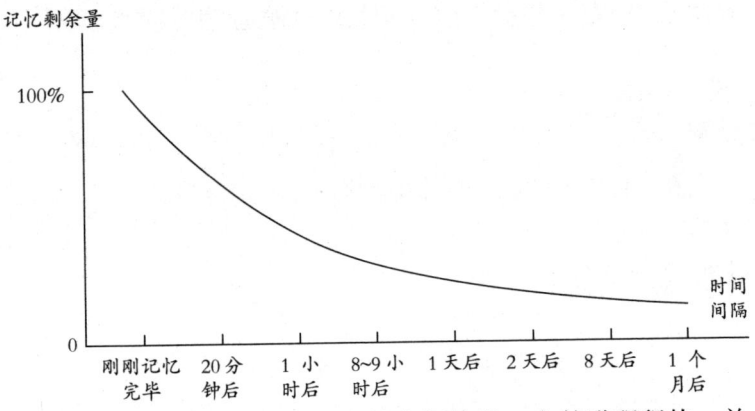

记忆剩余量

100%

时间间隔

刚刚记忆完毕　20分钟后　1小时后　8~9小时后　1天后　2天后　8天后　1个月后

这条曲线告诉人们，遗忘是有规律的，它的进程很快，并且先快后慢。这一规律也告诉父母，知识复习的最佳时间也是一天内，若不抓紧复习，就只剩下原来的33.7%。

第03章 记忆能力训练游戏：

找积木：调动孩子的注意力和记忆力

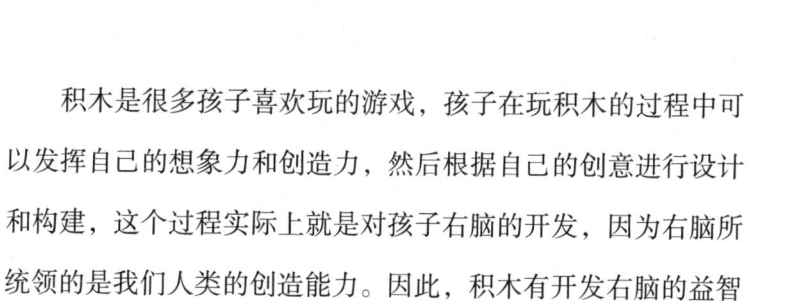

积木是很多孩子喜欢玩的游戏，孩子在玩积木的过程中可以发挥自己的想象力和创造力，然后根据自己的创意进行设计和构建，这个过程实际上就是对孩子右脑的开发，因为右脑所统领的是我们人类的创造能力。因此，积木有开发右脑的益智作用。但很少有家长会想到，不仅拼积木能培养孩子的能力，找积木也可以。下面就让我们看看，如何"找积木"。

游戏准备

几块颜色不同的积木。

操作方法

准备若干块颜色不同的积木，在家中有一组抽屉的柜子里放好。

家长可以模仿机器人对孩子说,"请把绿色的长方形积木装进第二个抽屉里""把红色的圆圈积木放进第一个抽屉里"。

当孩子完成了放积木的任务后,让孩子再将积木找出来,要记住,一次只能找一块,这样孩子就需要调动自己的注意力和记忆力。

孩子和家长互换角色来玩,可以提高孩子的积极性。

训练指南

除了积木外,妈妈还可以用球、娃娃等玩具让孩子去找。一开始物品可以只有几样,根据熟练程度再慢慢增加玩具的数目。

橱窗里有什么：让孩子学会形象记忆

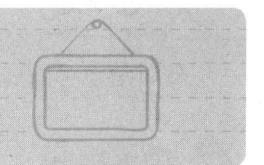

所谓形象记忆，指的是以感知过的事物形象为内容的记忆。这些具体形象可以是视觉的，也可以是听觉的、嗅觉的、触觉的或味觉的形象。

人的形象记忆发展的水平受社会实践活动制约，如音乐家擅长听觉形象记忆，画家擅长视觉形象记忆。大多数人的形象记忆属混合型，即既利用听觉，也利用视觉。

形象感知是记忆的根本。它带有显著的直观性和鲜明性。人的记忆都是从形象记忆开始的，儿童出生6个月左右就会表现出形象记忆，如认知母亲和辨识熟人的面貌，就是形象记忆的表现。所以，形象记忆是由感知到思维必不可少的中间环节。

形象记忆是人脑中最能在深层次起作用的、最积极的，也是最有潜力可挖的一种记忆力。它是目前最合乎人类右脑运作模式的记忆法，可以让人瞬间记忆上千个电话号码，而且可达一个星期之久而不会忘记。

游戏准备

随时随地可以进行。

操作方法

孩子总要出门活动,当路过商店时,可以让孩子观察橱窗中

还记得你在马路上看到了哪些车吗?

放置的物品，孩子不认识的家长可以告诉他是什么物品。当离开之后，家长可以引导孩子，让孩子说说橱窗里都有什么东西。除此之外，当和孩子在外面散步的时候，还可以教孩子认识汽车类型，然后家长再询问孩子这是什么车，那是什么车。

训练指南

在形象记忆中，有一个概念叫"再认"，比如孩子上周在公园看见一条狗，过几天你拿出这条狗的图片，他会立刻认出这条狗是上周他在公园里看见过的，这种能力叫作再认。

形象记忆力对孩子的思维、理解都有极大的帮助。如果一个孩子视觉记忆力不佳，会极大地影响他日后的学习效果。

家长可以让孩子通过对信息进行再认和复述来训练他们的形象记忆力，"橱窗里有什么"这一亲子游戏就能达到这样的训练目的。

小小传话员：锻炼孩子记住他人说的话

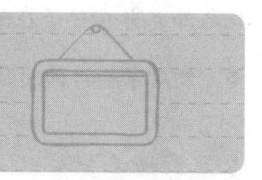

"小小传话员"的游戏适合已经会说话的孩子，在游戏过程中，孩子被要求复述他人的话，这能让孩子专心听别人说话，然后记住这些语言，同时，也能训练孩子组织语言的能力。只是，一开始孩子复述时，有可能记不住，也有可能表达得不清楚，我们一定不要着急，要耐心地帮助孩子纠正表达，直到孩子能清楚明了地复述大人的话为止。

游戏准备

随时随地可以进行。

操作方法

爸爸和妈妈分别坐在孩子的两边，让孩子坐中间，然后妈妈先对孩子说一句话，说话声音要小，要保证另外一边的爸爸听不到，然后让孩子将妈妈说的话传给爸爸。

如果孩子在中间传话传对了，要给予鼓励和表扬，如果孩子在复述时想不起来了，可以让孩子再回到妈妈身边，让妈妈将刚才的话再说一遍。

当孩子掌握了传话的流程后，大人可以在游戏中设定一些困难，游戏的变化会激发孩子的好奇心，进而激发他继续参加游戏的热情。

两个黄鹂鸣翠柳……

孩子本身就好动，这一游戏刚好能让孩子在大人之间走来走去，孩子会非常开心。大人也可以抓住这一机会教给孩子一些更加复杂的语言，孩子也都会尽力去学。所以大人不要轻易放过这个好机会。让孩子把大人讲的话传给另一个大人，训练孩子的记忆力。

刚开始玩游戏时，大人对孩子说的话必须简单清晰，否则孩子听不懂，会产生挫败感。等孩子熟悉游戏之后，再慢慢增加传话难度，尽量延长游戏时间。

训练指南

这一游戏能训练孩子的语言能力与听觉能力，增加孩子的词汇量，锻炼孩子的记忆能力。

听觉记忆力是在听完一件事情后复述这件事情的能力。记忆力是学习的基础，词汇量更是孩子语言表达能力的基础。让孩子参与到日常生活中的沟通，并在游戏中接受训练，对于孩子以后的语言发展和学习很有帮助。

背电话号码：让孩子学会快速阅读和记忆

每个孩子都要在未来接受系统的知识学习，记忆的重要性更是可见一斑，因此，早教中记忆力的开发也就尤为重要。

在家庭早教中，对孩子记忆力的开发是至关重要的，且要与观察力的训练联系起来。孩子只有愿意观察、善于观察，形成记忆，才有可能在未来的知识学习中主动记忆，且记得牢。

游戏准备

一本电话号码本。

操作方法

家长让孩子看一个电话号码，让他记住，然后移开号码本，让他背出来。家长和孩子还可以轮换着背，比比谁厉害。

随着孩子记忆号码的水平不断提高，可适当增加难度，如逐渐减少让孩子看号码的时间，或让孩子记两个或三个人的号码等。

训练指南

人的记忆力是不同的，对同一内容的知识，有的人记得快，有的人记得慢，这是记忆的敏捷性；有的人记得长久，有的人忘得快，这是记忆的持久性；有的人记忆准确无误，有的人丢三落四，这是记忆的准确性。对于成长中的孩子来说，即便是同样的记忆内容，有些孩子不费吹灰之力就能记在脑海中，有些孩子却总是记不住。因此，我们训练孩子的记忆力，一定要有耐心，给孩子一点时间，当孩子的记忆力得到提升时，也不要吝啬赞扬。

少了什么东西：带领孩子认识和记住家中的东西

家庭是孩子发育成长的最重要场所，是孩子日常生活的出发点和归宿所在。因此，开发孩子右脑和训练孩子各方面的能力可以从家庭这块阵地入手，让孩子在学习和玩乐之余承担一定的家务劳动，从而让孩子明白生活中不仅有享受，还必须负有一定的义务和责任，这有助于培养孩子的独立能力。我们可以让孩子从认识家居用品入手，"少了什么东西"这一亲子游戏，不但能让孩子认识家居用品，更能提升他们的记忆力，对于他们日后的学习也很有帮助。

游戏准备

一个托盘或盒子，一些家居用品，比如毛线球、小剪刀或者笔等。

操作方法

妈妈可以找来一些家用的小物件放到一个大的托盘或者盒子里,然后将这些物品拿给孩子看,孩子看完以后,再用一块布将托盘盖住;让孩子闭上眼睛,这时你从布下取出一件物品,再让孩子睁开眼睛;打开遮布,让孩子看一看,托盘中缺少了哪样物品。

这一游戏中的小物件数量要根据孩子的年龄来定,如果孩子年纪小,只需要三四件物品就可以了,然后慢慢增加数量。

在盖上布之前,先跟孩子讨论这些物品,让他说一说里面都有什么,并引导性地提出一些问题帮他记忆,比如哪个物品是什么颜色的,是用来做什么的。

对孩子来讲,在一定程度上训练记忆力十分必要。让孩子多了解家居用品,不但能提升孩子的记忆力,更是培养他们动手能力、独立能力与自理能力的重要方法。

训练指南

不少孩子在生活中一遇到问题就找爸爸妈妈帮忙,这样的孩子即使在上学以后也很难独立,因此家长尽早对孩子进行干预尤为重要。我们要告诉孩子:"凡事都有一个从不会到会的过程，你不妨独立去面对一些生活中的小问题。比如，你自己学着盛饭；衣服脏了，自己学着洗；家里来了客人，学会招呼等。"这样，孩子的动手能力一定会不断提高。

记路线：让孩子记住回家的路

作为父母，我们最大的愿望就是孩子能健康平安地长大，孩子的安全对于每个家庭来说都是最为关键的事，安全也是一切努力的前提和支撑，不然我们的孩子何来成长与发展。保护孩子的安全，最重要的不是让孩子寸步不离，而是要提高他们的自我保护意识，第一步就是让孩子记住回家的路。这一点可以从游戏中引导，让孩子学会记地形、路线，这不仅能让他们熟悉回家的路，还能提升他们的记忆力，也是开发孩子右脑的重要训练游戏。

游戏准备

随时随地可以引导孩子参与到游戏中。

操作方法

这一游戏适合五六岁的孩子。妈妈在带孩子去公园后,可以给孩子介绍周围的标示物,如小卖部、售票处、公共车站、书报亭等。回家制成一幅简单的地图,画出标志物。下次再前往公园时,拿出地图,叫孩子指出主要标志物。

不只是公园,也可以使用这一游戏,让孩子了解家所在的地方周围有哪些标志性的建筑物。这对孩子来说,不失为一种让他提升自我保护能力的方法。

训练指南

无论何时，都应该将生命安全摆放在人生中最为重要的位置。也许在没有出现意外的时候，这只是一个不起眼的小问题，但如果孩子不会保护自己而造成危险，那么，就有可能演变成全家的悲剧，因此，每个家长都要将提升孩子的自我保护意识和能力放到亲子早教的内容中。

依次说名称：引导孩子学会排序

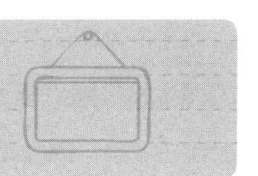

对于学龄前的孩子来说，在未来的学习中，无论是背单词、背课文，还是记忆数学定理等，不管是哪门学科，都涉及记忆。记忆在智力活动中的作用更是毋庸置疑的。在众多的学习内容中，记忆在数学中也占据了很大的比例。解答任何一道题，都需要记忆，一旦离开了记忆，思考就无法进行，问题自然也解决不了。在家庭早教游戏中，家长越早将数字引入其中，越能开发孩子的数学思维能力。

游戏准备

孩子平时玩的一些玩偶。

操作方法

孩子成长的过程中，一般都有不少玩偶，家长和孩子游戏时，可以把6~7个玩偶排成一排，先让孩子按照次序说一遍，记住玩偶的次序。

此时，家长可以引导孩子一起记忆，然后遮住这些玩偶，让孩子依次说出都是什么。可以逐渐增加难度，比如增加玩偶的数量，延长记忆和回忆之间间隔的时间等，但也要保证孩子的兴趣。

训练指南

记忆力对于孩子的学习尤为重要，如果孩子记忆力强，那么，他的头脑中就有一个"数据库"。在这个"数据库"中，蕴藏了很多有价值的信息，在新的学习活动中，当需要某些信息和知识时，就能从"数据库"中调出来，从而保证学习和思考活动顺利且快速进行。

记忆力大比拼：让孩子主动记忆

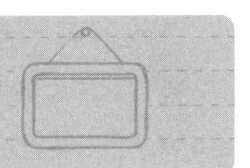

在人的左右脑中，左脑的记忆为"背记能力"，遗忘率很大，而右脑的记忆以形象记忆为主，它包含形状认识力和类型识别力。3岁以上的孩子已经有了形象记忆和类型识别的基础，爸爸妈妈可以和孩子进行记忆训练游戏。"记忆力大比拼"这一游戏是亲子之间的记忆力比赛，能调动孩子主动记忆的热情。

游戏准备

准备两套一样的图形卡片。

操作方法

家长先用布遮挡卡片，不让孩子看到家长提前摆出的两三个图形，然后拿开布让孩子看10秒钟后，再次用布遮挡，让孩子根据记忆摆出和家长一样的图形。然后换成孩子摆出图形，家长来记。

可以从少到多，每次逐渐增加摆图形的数量，长期训练。

另外，家长可以在游戏中引入奖励机制，无论是家长自己还是孩子，如果能在比赛中胜出，都可以获得奖励，这也是调动孩子参与记忆比赛热情的方法之一。

训练指南

对于很多年幼的孩子来说，记忆是一件很枯燥的事，但我们可以运用孩子能接受和理解的方式让他主动记忆事物，比如游戏。因为孩子最喜欢的就是玩乐，家长可以投其所好，以孩子的兴趣为出发点，运用游戏法训练孩子的右脑、提升孩子的记忆能力，并且进行一些亲子游戏还能够增进亲子感情，何乐而不为呢？

第04章

观察力训练游戏：
练就孩子敏锐的洞察力

观察力是儿童右脑区域的功能，所谓观察力，指的是对一件事物的留心程度，就是要对你身边的每一个人或者事都要细心地去看，去思考。在孩子成长的过程中，家长要引导孩子在观察中做到善辨多思。这就要求孩子在观察中要开动脑筋，积极思维。当然，这要求家长从孩子最感兴趣的事——游戏入手，训练孩子的洞察力。那么，哪些游戏适合呢？接下来，我们在本章中一一讲解。

看蚂蚁：激发孩子的好奇心和观察兴趣

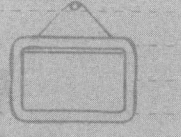

这一游戏适合3岁以上的孩子，3岁以后，孩子进入了好奇心最旺盛的阶段。此时，通过观察，孩子可以了解周围世界，可以形成自己的判断，这正是培养孩子观察力的最佳时机。而在孩子感兴趣的观察项目中，蚂蚁可以说是首当其冲。可能作为家长的你也偶尔看到过孩子蹲在地上认真地观察蚂蚁的活动，其实这就是培养他们观察能力的重要时刻。

游戏准备

一个透明的、带盖的瓶子，在瓶盖上扎几个小孔，使空气流通；甜甜的糖：蚂蚁喜欢甜甜的味道；到花丛中收集一些土。

操作方法

第一步：妈妈平时留意下，看看在家附近哪里蚂蚁比较多，等有时间的时候就可以和孩子一起带着糖过来观察，让孩子将手中的糖放在土地上。

第二步：当周围的蚂蚁发现糖后，会蜂拥而至，此时，妈妈可以和孩子一起捉几只蚂蚁和土一起装进瓶子，盖上盖子。

第三步：将装有蚂蚁的透明瓶子带回家，放在桌子上，让孩子仔细观察蚂蚁的样子。

第四步：妈妈鼓励孩子说出观察蚂蚁的成果，比如回答蚂蚁头上有没有触角，蚂蚁的嘴在哪里，蚂蚁走路的时候是怎么向前进等问题。

第五步：把各种不同的食物放在装着蚂蚁的瓶子里，如饼干、白糖、白菜、苹果、菠菜等，让孩子观察哪一种食物最受蚂蚁欢迎，从而了解蚂蚁的饮食喜好。

训练指南

好玩的、有创意的小游戏可以帮助孩子认识昆虫的身体特征和生活习惯。通过简单的实验，观察大自然，可以让孩子对身边的科学知识更加有兴趣。通过观察蚂蚁的实验可以知道，蚂蚁是昆虫，身体分为头、胸、颈3部分，一共有6条腿。蚂蚁喜欢甜食，所以放进瓶子里的白糖、饼干和苹果最受蚂蚁欢迎等。

我是小动物：提升孩子的视觉追踪能力

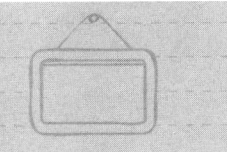

视觉追踪能力，简称追视能力，指以协调的眼动跟随和追踪物体的能力。

追视能力对孩子来说非常重要，它是注意力发展中极其重要的组成部分。幼儿早期发展起来的视觉经验对其后续的注意力、观察力的培养起着至关重要的作用。

追视能力的提升，会让孩子更多关注手部的动作，看到更多周围的人事物，有助于之后手、眼之间的协调动作的发展，刺激孩子对外部世界的认识和观察。如果孩子的追视能力没有得到很好的锻炼，那么，等到孩子上学，就会出现一看书就觉得眼睛累、把982看成892、加字漏字等现象。然而，这样一项重要的能力，却被绝大多数父母忽略，导致了孩子在以后的学习中出现各种问题。

游戏准备

这一游戏适合1岁以上的孩子。游戏人数:2人以上。

操作方法

妈妈和孩子坐在地上,妈妈对孩子说:"今天我们玩个'我是小狗狗'的游戏,好不好?"接着,妈妈像小狗那样在房间里四肢着地爬行,引导孩子模仿这个动作;一边走,一边示范小狗的叫声,让孩子也放开嗓子吼两声。就这样,"狗妈妈"带着"狗宝宝"一起从房间的一头儿爬到另一头儿,比比看谁爬得快。等孩子把这个游戏玩熟练了,母子俩再来模仿青蛙跳、小鸟飞、小鱼游。帮孩子认识和了解小动物,可以通过认知对象的外貌、名称、特性、类别等内容来完成。视觉认知是很重要的一个方面，妈妈需要引导孩子仔细观察它们的体态、大小、颜色、运动方式，让宝贝在亲身体验中感知各种小动物的不同。

训练指南

提高孩子的专注力和追视能力是这个游戏给予孩子的最大收获，其次它还能帮孩子理解特定的情境，促进粗动作的发展、提升运动智能，增强想象力和创造力。

追视能力训练最早可以从孩子11~12个月开始。如果父母能在这段时间有意识地训练孩子眼球追视、检视物体的能力，提高视觉广度与速度，那对孩子以后的学习大有帮助。

这是什么蔬菜：增长孩子的生活常识

家长要清楚地认识到，孩子在未来所学到的任何知识、获得的能力，终究都要与现实接轨，没有谁能脱离现实而存在。当下我们对孩子右脑的开发以及提升孩子的观察能力，也是出于同样的目的。而观察更是要从生活中开始，蔬菜是每个孩子日常生活中接触到的最普遍事物之一，也随处可见。它们种类繁多，几乎每个孩子都能说出几种来，因为在孩子很小的时候，家长就告诉他们要爱吃胡萝卜、青菜。为了提升孩子对这些蔬菜的认识和生活常识，也为了孩子能拥有更细腻深入的观察力，我们家长可以从这些蔬菜入手，让孩子观察蔬菜并认识蔬菜的名称、特点。随着孩子认识的蔬菜越来越多，他也会对生活中的其他事物逐渐感兴趣。

游戏准备

一些常用的蔬菜，蔬菜图片。

操作方法

这个游戏可以分为四个部分。

第一，带着孩子去买菜。

在任何家庭，买菜做饭都是再正常不过的事；只是妈妈们很少带孩子去买菜。其实妈妈可以尝试下，将孩子带到超市或者菜市场，带孩子认识各种蔬菜，这也有助于提升孩子在未来的生活技能。

第二，可以让孩子帮忙择菜。

让孩子择菜，不但能让孩子认识各种蔬菜的颜色、味道、形状，还能培养孩子手部的活动能力，孩子还可能会因此而爱上做家务、主动养成做家务的好习惯。

第三，可以带领孩子做蔬菜图片。

在亲子游戏中，图片和卡片是很好的教育工具。对于一些年龄稍大点的孩子，可以让他临摹图片上的蔬菜，然后填色，标出蔬菜的名字。一开始，妈妈不要让孩子认识生僻的蔬菜，可以从孩子常吃的蔬菜开始，比如生菜、胡萝卜等，可以比较不同蔬菜的区别，或对幼儿所讲的进行纠正或补充。平面图画练习让孩子可以认识更多的品种，有更多的颜色和形状的对比。

第四，认识饭桌上的蔬菜。

妈妈做饭时，可以让孩子在一旁观察，比如蔬菜在烹饪的过程中，颜色是怎么一步步变化的，还可以让孩子练习判断菜什么时候熟了，找一找生菜和熟菜颜色上的不同，可训练孩子的观察能力。然后观察做菜的顺序，妈妈做菜时，让孩子在旁边仔细观察妈妈做菜的工序，做好之后，让他说出某一道菜的步骤，如做青椒炒肉丝时是先炒肉丝还是先炒青椒等，这样能训练孩子的记忆力，也能让孩子学习到一些生活常识，这对于以后孩子获得独立生活能力也有帮助。但在做饭时，需注意孩子的安全，不能令过小的孩子靠近油锅、刀具等，以免发生意外。

训练指南

孩子本身就是细腻的，喜欢观察周围的世界，然后得出自己的结论。因此，父母应尽可能地引导孩子多多观察周围的事物，为孩子提供准确观察周围事物必需的材料。这样，孩子的想象力才有现实的基础，才会更精确，更有创造性。

森林聚会：引导孩子认识各种动物

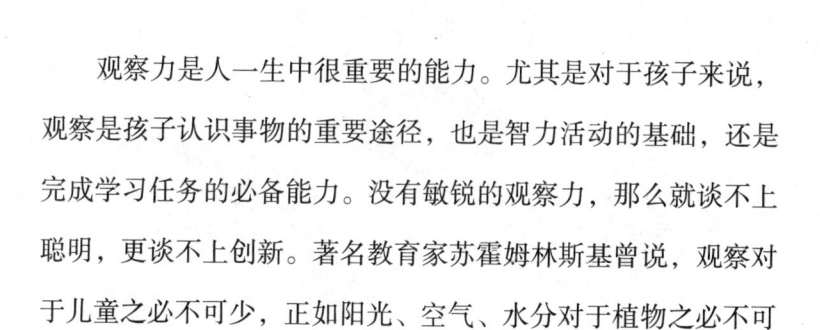

观察力是人一生中很重要的能力。尤其是对于孩子来说，观察是孩子认识事物的重要途径，也是智力活动的基础，还是完成学习任务的必备能力。没有敏锐的观察力，那么就谈不上聪明，更谈不上创新。著名教育家苏霍姆林斯基曾说，观察对于儿童之必不可少，正如阳光、空气、水分对于植物之必不可少一样。

在训练孩子的观察能力时，家长可以从孩子们喜欢的小动物入手，如小猫、小狗、乌龟、兔子、小鸟等。让孩子通过观察比较，或者通过多种方式认识平时生活中的常见动物，有助于帮助孩子建立不同动物的概念，以及养成爱护小动物的良好行为习惯。

右脑开发亲子游戏

一边有四条腿，一边有两条腿，这个该放哪里呢？

游戏准备

各种动物卡片。

操作方法

告诉孩子，现在在森林中，动物们都聚集到一起了，来的动物有很多，有老虎、狮子、长颈鹿、猴子等，接下来，妈妈一边给孩子讲关于这些动物的故事，一边让孩子为这些动物分类。刚开始时，孩子在分类上可能毫无章法，此时，妈妈可以耐心地问孩子："你是按照什么标准给动物们分类的呢？"

孩子可能答不上来，可以给他一定的思考时间，然后妈妈可以按照飞禽、走兽、两栖等标准给动物卡片分类，而后，尽量让孩子观察并说出它们之间的异同。同时，妈妈还可以用一连串的问题引导孩子观察和总结不同种类动物之间的异同。

总之，要尽量给孩子观察的时间，引导孩子进一步思考，而不可以代替孩子观察，更不能将答案直接告诉孩子。

训练指南

家长带领孩子认识小动物的方法有很多，除了游戏外，还可以在周末，带孩子到动物园去亲眼观察。借机让孩子把各种动物和在电视上见过的做一下比较，让他们把两者关联起来，趁机把曾经学过的关于动物的知识回忆一遍。遇到可爱、无害、允许抚摸的动物，可以让孩子勇敢地伸手触摸；遇到可以喂食的动物，如湖里的天鹅和锦鲤，也要让孩子亲自动手享受喂食的乐趣。告诉孩子动物们是多么可爱，它们都住在郁郁葱葱的森林里，森林就是它们的家，我们一定要好好保护森林，保护大自然，不能让这些可爱的小动物失去家园，从小培养孩子爱护自然、爱护环境的意识。

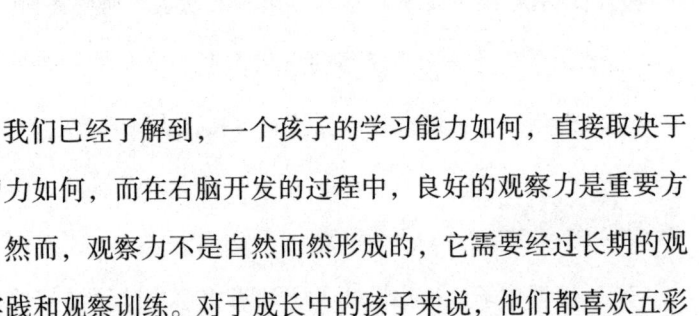

光影游戏：提升孩子的视敏度

我们已经了解到，一个孩子的学习能力如何，直接取决于其智力如何，而在右脑开发的过程中，良好的观察力是重要方面。然而，观察力不是自然而然形成的，它需要经过长期的观察实践和观察训练。对于成长中的孩子来说，他们都喜欢五彩缤纷的东西，尤其是年幼的孩子，他们的注意力经常会被一些绚丽的霓虹灯、气球等物体影响，为此，家长不妨和孩子做光影游戏，以此提升孩子的视敏度。

游戏准备

这一游戏适合年龄1岁半以上的孩子。手电筒、纸条或绸带作为道具，游戏应在安全的范围内进行。游戏人数：2人以上。

操作方法

在家中找来两三个手电筒，然后在灯泡外端分别贴上颜色鲜艳的透明纸，如红色、黄色、蓝色等。

游戏最好选择晚上或者白天拉上遮光窗帘后进行（后者游戏效果不如晚上）。家长将房间中的灯关闭，然后打开手电筒，两三条彩色的光束射向不同的方向，整个房间也就有了一种魔幻的色彩。

孩子发现这些颜色多样的光束后，会感到兴奋。此时，家长慢慢地晃动手电筒，移动光束，同时发出指令："找红色……"宝贝就会用脚去踩红色、黄色或者绿色的光，跟着光的影子，在光束间跳来跳去。

如果两个以上的孩子参与这个游戏，他们会更雀跃。在这一游戏中，对光影的追逐能提升孩子的视敏度，也可以锻炼孩子眼睛与身体动作配合的协调性，以及灵活应变的能力。

训练指南

观察力对于孩子的重要性已经毋庸置疑，父母可能会产生疑问：该如何帮助孩子提高观察力呢？人的观察力虽然受先天生理、心理因素的影响与制约，但主要是在后天实践中形成和发展起来的。可见，你需要在日常生活中帮助孩子养成观察的习惯，进而提高其观察力和思维能力。另外，极为重要的一点是，为孩子指定观察任务时，要引导孩子带着目的观察，以提高观察的准确性。

认地图：锻炼孩子观察力的持久度

在我们生活的周围和一些新闻事件中，我们经常看到年幼的儿童走丢或者被拐卖的事情。要提醒所有的父母，不要以为丢失孩子的事情只会发生在别人的身上，因为那些弄丢孩子的父母当初也是这样的想法，可是结果还是发生了意外。如果孩子知道回家的路也知道如何寻求帮助，就可以减少因为走丢而导致的悲剧。所以，与其后悔，不如提前对孩子进行认路教育。孩子迟早要离开大人的怀抱，要去上幼儿园和小学，尽早让孩子认识路，尤其是能独自找到回家的路，无论从孩子的安全角度，还是从培养孩子独立意识的角度来说，都是至关重要的。教孩子认路，有个重要的方法就是带孩子做"认地图"的游戏。

游戏准备

本市地图、中国地图、世界地图等。

第04章 观察力训练游戏:

操作方法

空闲的时候，妈妈可以买回来一些地图，比如小区周围地图、本市地图、中国地图、世界地图。一开始，我们可以带领孩子认识小区周围的地图，让孩子熟悉自己家所在范围内的地形情况，再慢慢扩展到奶奶家、孩子的朋友家和经常去的游乐场等，等孩子对这些地方都熟悉后，再带他认识更高级别的地图。

这一游戏能让孩子对地图有一个直观的认识，增进孩子的空间意识以及对空间概念的认识，教导孩子学会分辨方向，从而可以增强孩子的理解能力，发展孩子的想象思维。

训练指南

0~6岁是孩子的感官敏感阶段，在这个时期，他们对周围的事物十分敏感。为此，专家建议，家长应该抓住这一敏感期，培养孩子的观察能力。因为观察力是获得信息和资料的重要途径，所以一个人的观察力如何，直接关系到他的一生。不会观察的孩子，不可能拥有杰出的智慧，也不可能成就非凡的事业。而地图是一样训练孩子观察力的绝好工具，让孩子逐渐认识各个地方的地名，不仅能培养孩子的方向感，更能锻炼孩子观察力的持久度。

水少了吗：引导孩子观察后再思考

观察力是对一件事物的留心程度，对你身边的每一个人或者事都要细心地去看、去思考，无论它是多么的常见与平凡，重在引发观察后的思考。

父母在训练孩子的观察力时，要引导孩子在观察中做到善辨多思。良好的观察品质是善于发现细小的但是很有价值的事实，能通过个别现象发现事物的本质以及事物间内在的、本质的、必然的联系。这就要求孩子在观察中要开动脑筋，积极思维。

"水少了吗"这一游戏就能引发孩子的思考，不过它适合年纪稍大点的孩子，因为年纪太小可能无法理解。

游戏准备

一个"瘦高"的杯子、一个"矮胖"的杯子、水。

最好是塑料杯子，因为玻璃杯子一旦打碎，可能会划伤孩子。

哪个杯子里的水更多？

操作方法

先在其中任意一杯中倒入半杯水，让孩子看清楚，然后再将水倒入另一个杯子。由于两个杯子底面积有差异，所以水的高度会有明显不同。引导孩子仔细观察妈妈操作的过程，特别注意观察先后两个杯子的水面高度有何不同，并请他思考：第二个杯子里的水比第一个里的少了吗？

这是著名的儿童守恒概念实验。也许孩子会对此感到很迷惑，没关系，实际上大约7岁的孩子才能充分理解液体守恒概念。但这绝对不失为一种在孩子观察事物过程中促进其思考事物内在联系和本质特征的好方法。

训练指南

任何一个孩子，在未来都要学习，而一个孩子的学习能力如何，直接取决于其智力如何，而在高智商的培养中，良好的观察力是一个人智力发展的重要条件。然而，观察力并不是自然而然形成的，它需要经过长期的观察实践和观察训练。观察力的获得是需要运用思维的力量的，不动脑的观察是无效用的。

找不同：
引导孩子在观察中开动脑筋，积极思维

观察力的重要性已经毋庸置疑，牛顿若不是观察到落地的苹果，就不会发现万有引力定律，就不会对人类科学做出巨大的贡献。父母也要培养孩子的观察力，让他们学会留心身边的一事一物。然而，我们更要让孩子认识到，有目的、有计划的观察活动才是真实有效的、准确率高的观察。并且我们要引导孩子在观察中做到善辨多思。

游戏准备

准备两张图片，图片要大致相同，却有细微的差别。

操作方法

妈妈可以到书店买两张这样的图片，也可以自己动手制作，做成一套，要让两张图片之间的差别越来越少。因为训练

孩子找到两张图片之间的不同，是一个循序渐进的过程。

展示一对图片，问孩子："仔细看看，这两张图片一样吗？"如果孩子发现不了，给孩子一点时间，让孩子多思考一会儿，如果孩子还是摇头，可以给孩子一点提示。

随着孩子观察力的进步，逐渐减少图片的差别程度。

另外，这个游戏还可以这样做：换掉图片，用实物来代替，妈妈可以找来两件类似的衣服或者两块差不多的饼干，甚至可以是两把勺子、两条金鱼等。只要提示得好，任何两样东西都可以让孩子去比较，什么地方一样，什么地方不一样。

训练指南

找差别这一游戏适合一两岁的孩子。对于成长中的孩子来说，粗心大意是他们的通病，即使到了学龄期，一些孩子在学习上还是有这样的毛病，因此，他们在考试时常常在细节上丢分。家长在孩子很小时就对其进行训练，让孩子养成缜密的思维方式和严谨的性格，对孩子来说是受益终身的事。

大自然真神奇：让孩子亲近自然

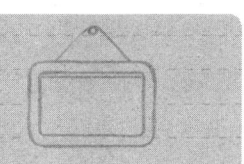

兴趣和好奇心是提高观察力的重要条件。孩子具有好奇心，对其观察的对象有浓厚的兴趣，他就会坚持长期持久的观察而不感到厌倦，从而提高观察力。通常来说，任何一个孩子，都对大自然充满兴趣，只是很多父母从小就将孩子关在了室内，让孩子努力学习。其实这些父母忽视的一点是，在大自然中，不仅能激发孩子观察和探究的欲望，还能提高孩子在未来的生存技能。

游戏准备

在合适的天气，家长带领孩子到户外观察。

操作方法

家长可以经常带孩子观察自然景观，观察大自然的千变万化，从而很大程度地提高孩子的观察兴趣和能力。例如：水有小溪和大江，有清澈和浑浊，可结成冰，又可化成汽；花草树木颜色形状不同，却都能发芽、生长、成熟、衰败，且随季节而变化。四季更迭，每个季节都各有特色。春天，气候温暖，草木发芽变绿，花朵开放；夏天，气候炎热，草木茂盛；秋天，天气转凉，树木的枝叶变黄、凋谢；冬天，气候寒冷，草木凋零。

训练指南

人都是充满好奇心的，对于自己不明白的问题，我们总是想一探究竟。这一点，在孩子身上体现得尤为明显。他们常常会向父母问这问那，但很多父母却对此感到不耐烦。其实家长往往忽视了重要的一点，即好奇心是促使孩子学习、成长的良机。多带孩子到大自然当中去，引导孩子对大自然进行细心的观察，能培养他对事物的语言描述能力、绘画描绘能力和色彩感知能力，能激发他头脑中的想象力，这对于孩子的成长是大有帮助的。

第05章
想象力训练游戏：激发孩子的创造性

作为父母，我们都知道，在未来社会，创造力将会是衡量人才的重要标准，而对于成长中的孩子来说，创造力是未来孩子学习的动力，是孩子的右脑潜能之一，更是其智力水平的重要体现。其实，每个孩子都是小天才，每个孩子都具备非凡的创造力潜能。父母正确的启发引导将给孩子的创造力发展带来无限可能。父母可以从一些小游戏开始，训练和开发孩子内在的想象潜能，把这种想象潜能转化为一种智慧和能力。

大自然的印记：创造从观察开始

随着孩子不断发育，开始能爬、能走，手脚的活动能力不断提高，他们对周围环境也越来越好奇，尤其是对大自然中的花鸟虫鱼，此时正是锻炼孩子想象力的最佳时机。一些孩子喜欢捏泥巴，这种情况下家长与其制止，不如顺势引导。我们可以为孩子购买橡皮泥，让孩子从大自然中获取灵感，进而进行自己的"创作"。

游戏准备

橡皮泥。

操作方法

妈妈可以带着孩子走出家门，去大自然寻找一些落叶、花朵等，在搜集过程中可以进行一些开放式提问："这朵花是什么颜色，香不香？这片叶子是什么形状？这两朵花哪朵更大？"

3岁多的孩子也许还无法表达，但在你的提问下，他会开始观察和思考，此时，妈妈就可以带着孩子摸一摸、比一比、看一看，然后告诉孩子答案。这样可以非常直观地让孩子了解大自然，同时也是特别好的语言启蒙。

回家后，用一块微湿的布轻轻擦拭一下，然后就可以开始和孩子一起进行拓印了。

树叶相对来说更加容易，首先拿一片树叶放在橡皮泥上，然后用手掌轻轻按压，再拿开手掌把树叶慢慢拿起，这样我们

的拓印就完成了！

　　这样的树叶拓印游戏，能让孩子发现，原来之前看到的树叶竟然还有那么多纹路。这就仿佛唤醒了孩子沉睡的观察能力，让孩子知道树叶原来仔细看还有这样的小奥妙呢！有这样一份觉醒和认知的孩子，自然就更有动力多观察和多思考。

训练指南

　　很多家长对橡皮泥都不陌生。很多孩子都喜欢玩橡皮泥。橡皮泥的颜色五彩缤纷，材质千变万化。因为橡皮泥柔软、可塑性强，可以做成孩子们喜欢的各式各样的形状，可以做车，也可以做飞机，这对于孩子动手能力的开发大有好处。另外，玩橡皮泥还可以促进他们对颜色的认知能力，对孩子艺术感官的形成有一定的好处。当孩子到了3岁以后，在保证橡皮泥材质安全的情况下，就可以让他们尽情玩耍了。

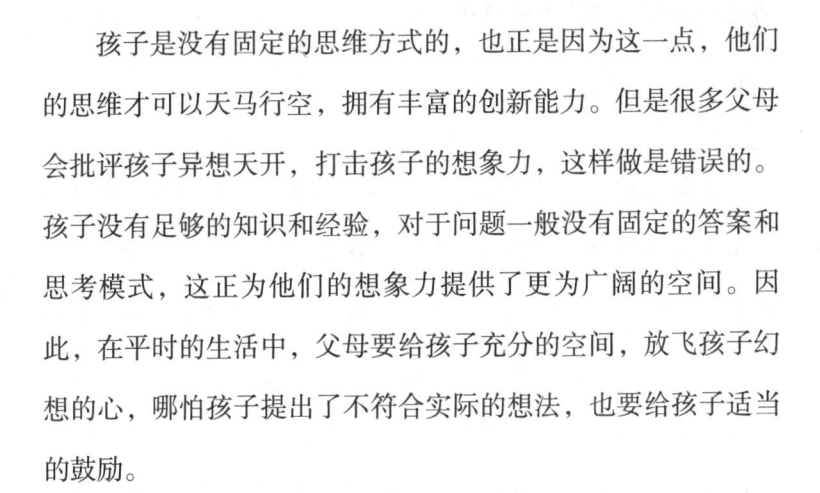

胡思乱想：
引导孩子天马行空地想象

孩子是没有固定的思维方式的，也正是因为这一点，他们的思维才可以天马行空，拥有丰富的创新能力。但是很多父母会批评孩子异想天开，打击孩子的想象力，这样做是错误的。孩子没有足够的知识和经验，对于问题一般没有固定的答案和思考模式，这正为他们的想象力提供了更为广阔的空间。因此，在平时的生活中，父母要给孩子充分的空间，放飞孩子幻想的心，哪怕孩子提出了不符合实际的想法，也要给孩子适当的鼓励。

另外，我们还可以带领孩子做想象力训练游戏，让孩子胡思乱想，以此保护孩子的想象力，激发孩子的创造力。

游戏准备

只要有空闲，可以随时随地进行。

操作方法

想象力训练可以给右脑细胞更多的刺激。只要孩子不厌烦，就可以经常和他玩充满想象力的游戏。比如，在晴朗的天气里，爸爸妈妈可以和孩子躺在草地上观察天上的云朵，启发他将不同形状的云朵看成动物、家具、人物等。千万不要小看孩子充满好奇的探究活动，或是傻气十足的"胡思乱想"，因为这些正是创造能力的萌芽阶段。

训练指南

在孩子的右脑功能中，想象力是非常重要的一环，丰富的想象力是发展孩子创造力的基础和保证。生活中，不少父母都赞叹发明家和科学家的想象力，实际上，每个孩子都有丰富的想象力，只不过常常被父母忽略了。心理学家说，想象力是人生的智慧翅膀，它可以使孩子冲出狭窄的生活空间，认识更为广阔的世界，超越时间和空间的限制，丰富他们的经历，增长他们的见识。

折纸：发展孩子的想象力和形象思维能力

折纸是很多家长带领孩子做的亲子早教游戏，与孩子一起折纸，家长们也能从中感受到孩子奇思妙想所带来的乐趣。而对于孩子来说，折纸不但可以锻炼孩子手指的灵活性，能发展孩子的动手能力，还能培养孩子按步骤有顺序地认真做事的良好习惯。更重要的是，由于折纸的可塑性极强，可以说是千变万化，所以通过折纸可以发展孩子的创造力、想象力和形象思维能力。

游戏准备

若干色彩各异的彩色纸。

操作方法

将准备好的彩色纸拿出来，告诉孩子，他可以随意折叠出自己喜欢的东西。

开始时，你要教孩子叠纸的基本方法，比如边和边对折，角和角对齐等，逐渐地，再放手让孩子自己叠。还可以让孩子说一说，叠的东西是什么，或者像什么。

在叠的过程中，纸的形状会不断地发生变化，这有利于提高孩子的想象力和推理能力。

训练指南

折纸是一项很有意思的家庭手工活动，在家长们还小的时候，也曾被老师教过这样折出各种小物件，而现在，我们也可以将这些折纸的方法教给孩子，你可以买些折纸的图书或者在网上找图解。无论如何，家长应该用心学习，多教孩子进行折纸，教孩子折纸也是很有意义的事情。

另外，家长们需要注意的是，引导孩子学习折纸，一定要细心、耐心，因为孩子年龄比较小，大脑发育还不完全，所以家长要一个步骤、一个步骤地去教。

教孩子折纸的话，一定要选择比较简单的折纸类型，如折纸飞机、折纸船等，因为很简单，孩子都比较喜欢，这些折纸玩具比较适合孩子学习。

今天我来讲故事：鼓励孩子随意想象和编造故事

生活中，越来越多的父母开始认识到右脑开发对于孩子智力以及未来发展的重要性。孩子右脑掌控的区域有很多，如形象思维能力、才艺天赋等，但是他们似乎更重视孩子的才艺发展，唱歌、跳舞、下棋、绘画……期望孩子多才多艺，未来有一个好的发展前途。其实，还有一项被很多家长忽视的技能，对孩子的发展同样重要，那就是讲故事。

为什么讲故事如此重要呢？美国教育心理学家凯瑟琳·斯诺经研究发现，6岁前会讲故事的孩子，在进入学龄期后，在学校的学习能力、思维能力及想象力都更出色。这是因为当孩子在讲故事时，需要开动他们的想象力，且运用到语言表达能力与记忆力，再加上在讲故事的过程中，孩子自身也会产生一定的道德判断力，这些都是认知能力的关键，会让孩子在成长的道路上受益匪浅。

所以，父母在给孩子讲故事、读故事时，也要有意识地培养孩子讲故事的能力。

游戏准备

这一游戏适合五六岁的孩子，家长要对孩子进行鼓励，营造轻松的氛围。

操作方法

第一步，家长不断提问，循序渐进地引导孩子想象。

我们可以准备一张图片，让孩子看，然后围绕主题不断提问，问他们"有什么""在干什么"等简单的问题，然后加深问题难度，到"是什么样的""是怎样做的""为什么要这么做"等。

第二步，语言引导，让孩子跟着一定的思路去讲故事，做到有理、有据、有层次。

我们要告诉孩子，要讲好一个故事，一定要明确故事发生的时间、地点，然后描述人物角色，以及故事中发生了什么，且要用连贯的语言表达出来，从而提高孩子的语言表达水平。

第三步，看图讲述，以形象的画面帮助幼儿掌握如何讲清一件事。

对于五六岁的孩子来说，他们已经能看懂一些有因果关系的图片了，但我们给的图片要人物形象简单、突出，情节一目了然，色彩鲜明。

训练指南

家长要明白的是，孩子毕竟是孩子，对于语言的掌握能力和思维能力不如成人。为了让孩子对讲故事感兴趣，我们不妨先为孩子开个头，然后让孩子编故事的中间或结尾。在编的过程中，如果孩子编不下去了，成人要想办法启发他，帮助他编下去，但应注意尽量不要使孩子受成人的想法所限制，要让孩子自己去想象，培养他们的想象力。

自制布偶：开发孩子的想象力

孩子到了五六岁以后，精细动作已经获得了一定的发展，手部也有了一定的力量，主要表现在两个方面：第一，有了一定的自理能力，很多孩子能自己吃饭、系鞋带；第二，能画一些简单的事物，比如，人的头、躯干、胳膊、手、腿、脚6个部分。一些进入幼儿园的孩子还能书写一些简单的数字、汉字乃至简单的加减法等。这些技能的提升都表明孩子的右脑已经获得了一定的开发。此时，家长可以去玩具店买一些制作布娃娃的材料，教孩子自己去制作喜欢的布娃娃。这样会比买现成的玩具起到的效果大得多。因为在制作过程中，可以很好地激发孩子的想象力和培养孩子动手的能力。

游戏准备

剪刀、针线包、酒精棉、丝绵、不织布。

> 操作方法

首先，妈妈可以问孩子："你最喜欢的布娃娃是什么？"当孩子回答以后，妈妈要继续引导孩子将布娃娃的大致模样画出来。

接下来，我们可以说："今天我们自己来做这个娃娃好吗？"然后，我们就可以正式开始制作娃娃了。

第一步，我们告诉孩子将不织布用剪刀剪出娃娃的身体各

部分图样。

第二步，让孩子把身体的两部分缝合在一起，这里要介绍的是锁边针法，先从脖子的位置起针。脖子的位置要留出口，把丝绵塞进娃娃的身体里。

第三步，开始缝制裙子，裙子缝的时候上边要留出来先不缝，把下边缝上即可。然后用酒精胶把事先我们剪好的娃娃的头发和眼睛都粘好。

第四步，缝制娃娃的嘴巴，她的嘴巴是微微向上翘的。此处要用的是回针。接着可以用碎的布给娃娃做一朵花缝在娃娃的头发上。

第五步，把娃娃脑袋后边的片和前边的缝合在一起，先从脖子的位置开始起针，一圈缝到另一侧的脖子位置，我们先留出口。

第六步，可以将事先准备好的丝绵塞进娃娃的脑袋里，完成后，再给娃娃的身体穿上裙子，把胳膊上边的裙子缝合在一起就可以了。

第七步，让孩子把身体和娃娃的脑袋用线连在一起，缝合完以后，用剪刀剪一片小小的布片口袋，然后把它贴在娃娃的裙子上，一个漂亮的布娃娃就这样做成了。

训练指南

这一游戏难度有点大,对于年龄较小的孩子来说并不适合。另外,如果孩子做不到,家长可以在一旁协助和指导,否则,孩子如果因为难度大而中途放弃,反而会打击孩子的自信心。

拼贴画：让孩子按照自己的想象创造

孩子到了1岁以后，手部开始有了力量，能慢慢学会使用筷子夹起花生米等圆形食物，会画出简单的图形。此时，家长便可以让孩子画画、涂鸦，从而开发孩子的想象力和创造力。给他准备纸和笔，或是孩子适用的颜料，孩子想怎么画就怎么画，想怎么涂就怎么涂，高兴画什么就画什么。这是培养孩子精细动作的良好方法，因为孩子精细动作的发生是受到感知觉、注意力等多方面心理活动影响的，它与大脑发展息息相关。提升了精细动作，等于在孩子的感知和专注力方面也做了提升，有助于孩子的大脑发育。除了让孩子涂鸦以外，还可以让孩子做拼贴画的游戏，这是一个更能让孩子发挥想象力的游戏。

游戏准备

一些零散的物品，比如彩色纸片、羽毛、细绳、毛线、小塑料片、烟盒纸、包装纸、羽毛、树叶、贝壳等，以及纸、胶带或者浆糊。

操作方法

让孩子把一些零散的东西，毛线、彩色纸片、包装纸、羽毛、贝壳等粘在纸上，不能用浆糊粘的也可用胶带粘。任孩子按自己的想象去创造，怎么摆都行，最后构成一幅图画。

训练指南

在游戏过后，家长可以让孩子的小作品变得有意义。父母可将孩子的小作品变成大作品，如将孩子的手工作品放在房子里装饰，把孩子的绘画涂鸦做成衣服、公仔等。不用太大的花费，就能让孩子动手做的小作品变得更有意义，引发他们的动手兴趣。孩子天生是动手的行家，只要给他足够的空间，他就能玩出无穷的花样。因此，父母要从单一的价值观中走出来，让孩子多看、多听、多想、多玩，关键是多动手，只有这样才能把孩子培养成为一个自信、乐观、有创意的人。

堆雪人：让孩子根据自己的想象力塑造形象

堆雪人是下雪天才能享受的一项有趣的活动。当然雪必须要下得够大，才能积累足够的雪，气温要够低，积雪才不会迅速融化。将洁白的雪堆，制成一个人形的艺术品，不仅可供观赏，还能训练手艺、锻炼身体。在漫天飞舞的雪花里，让孩子根据自己的想象力去塑造各种形象，比如雪人、雪山、雪船等，不仅锻炼了孩子的动手能力，还开发了孩子的想象力。

游戏准备

尽量选在下雪天或者雪后，需要准备一副手套，找来一些树枝、松果、石头、瓶盖、纽扣等（雪人装饰素材）。

操作方法

家长可以让孩子按照以下步骤来堆雪人：

第一步,确定好雪人堆在哪里,然后用铲子将周围的积雪铲到一起,变成雪人的底座,底座的大小决定所堆雪人的大小。

第二步,开始做身子。用手做一个小雪球,然后放在地上慢慢地滚,滚到比底座小一点,就放到底座上。

第三步,再滚一个雪球作为雪人的头,这个只要有身子的一半大小就差不多了,做好后,放到身子上。

第四步,把雪附在三个部分的结合处填充,让它们粘在一起。

第五步,用胡萝卜、香蕉、松果做鼻子是最完美的选择,

如果没有这些材料就找块石头代替。

第六步，用树枝做它的手，插进身子的左右两侧，要用粗点的树枝，因为可以附着一些雪在上面。

第七步，再装饰下，比如给它戴上帽子、围巾、手套、太阳眼镜等，全副武装起来。

训练指南

寒冬，外面冰天雪地的，父母们自然想让孩子呆在家里，尽量少出门以减少生病的可能。但恶劣的气候、父母的教育并不能阻挡孩子外出玩耍的脚步。在他们看来，白雪、冰面就是游戏的天堂。而此时，父母要做的不是严加阻止，而是让寒冷和伤害远离孩子的同时，让他们享受一个快乐冬季！

与其他季节的风和日丽不同，冰天雪地别有滋味，此时的一些游戏能给孩子带来别样的趣味。可是，在孩子享受冰雪的同时，为他们的安全把关却成了父母不容忽视的事情。那么，父母该怎么做呢？除了衣服要暖和、防水外，要特别注意的是防止冻伤，最好的预防措施是让孩子戴一副五指分开的防水手套，脚上穿高筒棉皮靴。

想象字母：让孩子自由地想象和创造

孩子天生具有丰富的想象力，如在想象性游戏中，他们会常把玩偶当作自己的朋友，拿杯子给娃娃喝水，拿小手帕给娃娃擦眼泪等，还有的孩子能借助于画报想象动物在森林中生活、嬉戏。

这一切都反映了孩子无处不在的想象力。父母一定要开发和挖掘孩子内在的想象潜能，把这种想象潜能转化为一种智慧和能力。生活中，我们可以带领孩子玩想象字母的游戏。

游戏准备

纸、笔。

操作方法

在纸上写下一些字母并运用字母的外型创造其他事物。

将大写的"M"当作骆驼，将大写的"B"当作蝴蝶的半边翅膀。让孩子自由地想象和创造。这个游戏能锻炼字母辨认与记忆技能，激发想象。

训练指南

教育专家认为，4岁是孩子求知欲和好奇心旺盛的时期，此时的孩子活泼、好动，并且富有想象力。此时，我们更应该了解其心理特点，并引导和开发孩子的想象力，让想象力为孩子所用。要知道，如果我们限制孩子的想象力，会不利于孩子今后的发展，因为在当今社会，常规思维已经被淘汰，循规蹈矩意味着失败。相反，敢想、敢做的孩子才能在人群中脱颖而出，才能创造性地完成自己的人生目标。

第 06 章

推理能力训练游戏：
培养孩子严谨的思维习惯

科学研究表明，人的逻辑思维发展的总趋势是：从具体形象思维到抽象思维，即由动作思维发展到形象思维，再依次发展到抽象逻辑思维。逻辑推理能力的获得也是右脑开发的关键内容，孩子的逻辑推理能力是从小就开始发展的。我们如果希望孩子更聪明、胜人一筹，就要从小培养孩子的逻辑思维能力。那么，作为家长，我们该如何在游戏中开发孩子的推理能力呢？在本章中我们来加以介绍。

找宝藏：激发孩子一步步探究的兴趣

对于任何孩子来说，他们都喜欢礼物，所以孩子们喜欢过节、过生日，因为他们能收到礼物，哪怕只是父母送的一支笔、一朵花，都能让他们高兴很久。利用孩子的这一特点，我们可以在对孩子的推理能力训练中也加入"礼物"的因素，其中就有"找宝藏"这一游戏。

游戏准备

为孩子准备一件神秘礼物，如他喜欢吃的糖果或喜爱的玩具，作为宝贝；一些卡片（可以是空白的名片卡）；一个装卡片的小包包。

操作方法

先把神秘宝贝藏起来；制作卡片，可以文字配合图片，如画一张写字台，再写上"写字台"及其拼音，再分别把卡片藏好；为孩子背上小包包，然后给他第一张"写字台"卡片，小朋友就可以到写字台那边找另一张指示卡片了；依此类推，直到孩子找到宝藏。

训练指南

推理能力是思考能力中比较重要的一个方面。推理需要对概念有深刻的理解才能进行。一个人的推理能力可以说是在智力因素方面的体现。但推理能力也是可以培养的，也同样有非智力因素的体现。怎样培养孩子的推理能力呢？让孩子学会推理，家长可以带领孩子进行一些"涉险活动"，"找宝藏"就能达到这样的目的，不过要把卡片和宝贝藏在孩子容易找到的地方，同时要确定房间里没有会让孩子磕碰到的地方。

积累日常生活经验：训练孩子的观察和推理能力

这一游戏适合五六岁、年龄大点的孩子，这个阶段的孩子有了一定的自理能力，大部分已经可以自己盛饭、拿筷子吃饭，可以自己倒饮料，能自己穿衣服、系鞋带，每天也能自己刷牙、洗脸和梳头。洗澡的时候，自己可以调节热水器水温和水流大小，能清晰地分辨衣服的正反面，且可以自行穿脱衣服，可以自己系鞋带。他们懂得讲究个人卫生，大小便后知道冲水、洗手。在家人的要求下每周能够做一件家务，如扫地、倒垃圾等。

游戏准备

家长要和孩子多沟通，让孩子愿意配合。

操作方法

日常生活中，有很多涉及孩子日常生活的活动，如洗手、吃饭、穿衣服……这些孩子都可以自己动手了，父母不要代劳，这不仅是锻炼孩子的独立能力，更是在锻炼孩子的头脑。还有，你在倒垃圾、使用吸尘器的时候，都可以让孩子参与进来。孩子会思考，在这些活动中，第一步该做什么，接下来该做什么等。

这些简单却又烦琐的日常生活经验，不仅能让孩子尽早学会自理，还能让孩子尽快将这些经验迁移到游戏中，进而对其进行想象和再创造。

另外，大人去超市购物的时候，可以带上孩子。在购物过程中，可以和孩子讲一些相关的话题。比如，你要买胡萝卜，可以这样对孩子说："胡萝卜是什么颜色呢？它会摆在哪里呢？"如果孩子找到了，就好好地鼓励他一下。

在购物的过程中，孩子可以学会观察和推理，还可以锻炼表达能力。

训练指南

五六岁的孩子已经能理解较复杂的道理了，我们要告诉孩子，以后你要成为一名光荣的小学生，因此，你要学会独立和自理。父母要在日常的生活中，锻炼孩子的自理能力，告诉孩子他长大了，冷了要自己加衣服、热了脱衣服，渴了自己取水喝等，并鼓励孩子参与简单的家务劳动，如叠被、端饭、擦桌子、扫地等，让孩子感觉自己是一个独立"小大人"。

自制望远镜：提高孩子的推理能力

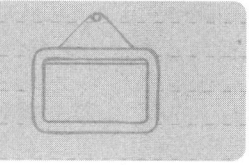

在孩子成长的过程中，玩具是必不可少的，玩具是开发孩子智力的最佳工具，是孩子认识世界的窗口，在孩子各个认知能力发展的阶段中，扮演着极其重要的角色。通过和玩具的互动，孩子能发展出各种认知能力。

家长为不同年龄的孩子选择合适的玩具，不仅令孩子的生活充满快乐，更重要的是开发了孩子的智力。当然，孩子所需要的玩具，购买只是一种方式，我们还可以带领孩子自己做。对于一些大龄孩子来说，他们对世界的好奇心更旺盛，此时，我们可以和孩子一起做个望远镜，不但能训练孩子的动手能力，更能提高孩子的推理能力。

游戏准备

一张纸。

操作方法

准备一张纸，教孩子将纸卷成圆筒状，当望远镜。然后，教孩子拿着自制的"望远镜"环视周围的物体。

由于有部分视野被遮住，所以孩子会对遮挡部位进行想象，这种游戏可以提高孩子的推理能力。

训练指南

目前市场上出现的玩具新颖、艳丽，但价格也较昂贵，而且很多时候，孩子玩了一次就不玩了，比较浪费。其实父母可以平时留心搜集一些日常生活中丢弃的废物或自然材料，和孩子一起制作有趣的玩具。

自制玩具是一种创造性的劳动，从选材到造型设计都需要孩子积极想象，能够发展孩子的智力和创造的才能；可以培养孩子不怕困难、坚持到底的良好意志品质；可以使孩子的手部动作得到发展，掌握使用各种工具的本领，造就出一双灵巧的手；可以从小养成孩子勤劳节俭的美德，孩子参与了制作玩具的过程，自然会珍惜玩具；最重要的一点是，在这一亲子游戏中，加深了孩子和家长之间的感情。

拍手掌：让孩子学会认识数字

数学是极为考验孩子推理能力的一门学科，对于很多已经进入学龄期的孩子来说，数学似乎都是他们的"硬伤"。不少父母也会认为，数学是考验一个人智商的学科，只有聪明的人才能学好数学，其实这是个误区。那么，为什么一些孩子能学好语文、英语这些学科，偏偏学不好数学呢？一些父母认为，这是因为数学考查的是人的思维，而语文、英语这些学科考查的主要是记忆。这种观点实际上是片面的。其实数学也需要记忆，如果说数学考的是思维能力，那么所考的思维能力是平时的思维能力，考的内容是平时思考总结过的东西。当然，孩子学好数学，首先要对数学产生兴趣，这一点，最好从孩子还在幼年时就从游戏中加以引导。"拍手掌"的游戏就是让孩子认识数字和对数字产生兴趣的一个游戏。

游戏准备

营造轻松和谐的游戏氛围。

操作方法

从孩子4岁起,你就可以和他玩这个游戏。爸爸或妈妈先让孩子闭上眼睛,自己先拍几下手,然后问孩子刚才拍了几下?他答对后,再重复。

孩子稍大时可增加难度,如拍了几下,停顿,再拍,再停,再拍。然后问孩子:刚才3次共拍了多少下手?也可要求孩子跟着做。

训练指南

如果孩子已经很熟悉这一游戏,父母可以和孩子换个角色,让孩子拍手掌,父母猜是拍了几下。这样让孩子和父母互动,能增加孩子在游戏中的主人翁感和亲子之间的信任感。

数独游戏：锻炼孩子的逻辑思维和推理能力

在各大智力活动中，核心部分就是逻辑思维能力，这也是智力结构的核心，因而逻辑思维能力是孩子成才最重要的智力因素之一。逻辑思维能力在一个人一生的任何阶段都起着相当重要的作用。在孩子发展思维能力的早期，如果家长注意培养孩子的逻辑思维能力，对于孩子的发展起着非常重要的作用。

为此，当孩子4岁以后，应该锻炼孩子有效运用逻辑推理的能力，解决更高层次的复杂问题。其中，数独游戏就能起到这样的作用。数独游戏是一种源自18世纪末的瑞士的游戏，后在美国发展，并在日本得以发扬光大。

游戏准备

数独题目。

操作方法

数独盘面是九宫格（即3格宽×3格高），每一格又细分为一个九宫格。在每一个小九宫格中，分别填上1~9的数字，让整个大九宫格每一列、每一行的数字都不重复。数独的玩法逻辑简单，数字排列方式千变万化。不少教育者认为数独是锻炼大脑的好游戏。

孩子玩数独，可从简单的卡通图案开始，而不是1、2、3、4，因为孩子还处于形象思维阶段，对于抽象的数字可能还不能理解。

家长可以在一旁鼓励和帮助孩子，让孩子在玩游戏的同时也能学习，开启孩子对学习数学的兴趣，为以后学好数学打下基础。数独游戏还能锻炼孩子的观察力、记忆力、专注力和毅力。

训练指南

孩子到了4岁以后，逻辑思维已经有了萌芽，即处于逻辑思维的启蒙阶段，那么，什么是逻辑思维呢？

逻辑思维，又叫理论思维，它是人们在认识过程中借助于概念、判断、推理等思维形式能动地反映客观现实的理性认识过程。它是作为对认识着的思维及其结构以及起作用的规律的分析而产生和发展起来的。它还是人认识的高级阶段，即理性认识阶段。

迷宫游戏：培养孩子仔细观察、思考的能力

推理能力是数学能力中很重要的一种，是解决问题的重要能力。日常生活中，只要留心、用心，就能培养孩子善于思考、积极解决问题的能力。其中，迷宫游戏对孩子推理能力的发展大有裨益，在孩子智力、专注力、空间思维能力、耐心和主动探索能力的发展上也有很深影响。

同时，迷宫游戏还能考验孩子的思考能力。迷宫没有固定路线，孩子可以寻找多条路径通过。孩子不仅要关注前方路线和走过的路线，还要关注各个岔路，思考分叉路可能带来的各种结果。眼、手、脑协调运用，培养了孩子仔细观察、思考的能力，还培养了孩子的全局眼光。

游戏准备

家长可以带孩子到公园的迷宫区，或者自己在家为孩子准

备一个书面中的迷宫游戏。

操作方法

通常，儿童迷宫游戏有以下三种方式：第一种是实景迷宫，例如一些公园的迷宫区；第二种是书本迷宫，孩子们可以用笔画出正确路径从而从迷宫中走出来；第三种是父母在家里与孩子一起玩寻宝游戏。例如，父母可以将玩具藏在房间的某个地方，妈妈或爸爸在纸上画出房屋的平面图，然后在地图上标记玩具，让孩子看着家里的平面图寻找。

训练指南

迷宫游戏是一个二维或三维的空间结构的精简版，是城市大小道路的一个缩影。当孩子在迷宫中时，由于没有父母的帮助，他们会尽最大的努力找到让自己摆脱困境的方法。这时，他们的大脑会集中注意力，想尽办法给自己出主意。习惯于得到父母帮助或安排的孩子将有机会锻炼自己解决问题的能力。对于孩子们来说，这是个好习惯。当孩子有解决问题的动力和能力时，他们会慢慢喜欢上独立解决问题。

排豆子：让孩子找出事物间的类比关系

在推理这一逻辑方法中，类比推理占据很大比重，所谓类比推理，指的是根据原有的事物相互间的关系，根据相同性的原则或者类似性的原则，将其他事物相互间关系做出比较还有推论的一个思维过程。简单来说，其实就是找出事物间的类比关系。很多家长还没有意识到类比推理对孩子的重要性，但事实上，有科学研究表明，在孩子的智力发展方面，类比推理的能力占有很重要的作用。要想训练孩子的类比推理能力，父母可以从孩子们喜欢的游戏开始，排豆子就是这样的一种游戏。

游戏准备

一些黄豆或绿豆。

操作方法

家长先准备好一碗黄豆或者是绿豆，然后按照一定的规律排出几列，比如第一列排上一颗，第二列排上两颗，第三列排上四颗……之后就让孩子仔细观察，发现豆子的排列规律，然后推断出之后应该再怎样往下排列豆子。

训练指南

古人云："劳心者治人，劳力者治于人。"在知识经济时代，是否拥有灵活、变通的思维能力更决定了一个人的生存状况，每个孩子都应学会用灵活的大脑来指挥自己的行动，才能在未来社会大潮中凸显自己的价值和才能。心理学家德·波诺说过："高智商并不一定伴随着全面的思维技能。高智商常常只限于做学问的狭小范围内。在我们的日常语言中，有智慧与聪明的区别：聪明属于高智商，而智慧则属于思维的技能。"灵活的思维便是智慧的一种。

但孩子灵活变通思维的获得不是一蹴而就的，需要父母长期的培养和教育。家庭不应该只给孩子提供学习和生活的条件，还应该教会孩子正确的思维方式。人的大脑只有经常思考，才会撞击出智慧的火花；只有把胆量和头脑结合在一起，才能催生智慧，才能成就一番大事业。

交替摆放豆子：引导孩子按照规律自己做决定

在逻辑学上，类比推理是根据两个或两类对象在某些属性上相同，推断出它们在另外的属性上也相同的一种推理。总而言之，就是我们要先在两组词或者多组词之间"找关系"，然后在选项中找到符合这种关系的词组。儿童教育学家认为，培养孩子推理能力的方法就是要让儿童进行分类、理解、概念形成方面的练习，使他的思维活动逐步地摆脱具体形象的知觉限制，逐步地由半逻辑思维过渡到逻辑思维，进一步完成正确的推理。

父母可以从日常生活中的小游戏开始，培养孩子的类比推理能力，比如"交替摆放豆子"游戏，就能引导孩子按照规律自己完成推理工作。

游戏准备

两种颜色不同的豆子，比如绿豆和黄豆。

操作方法

这次要准备两种不同的豆子，可以是黄豆和绿豆两种，然后先放一颗黄豆，再放一颗绿豆，然后是一颗黄豆，后面两颗绿豆，之后还是一颗黄豆，三颗绿豆。接下来就引导孩子观察这两种豆子的摆放规律，找出规律之后再让孩子接着往下摆放豆子。

训练指南

寓教于乐是最好的教育孩子的方法之一，选择合适的游戏形式可以有效地开发孩子的右脑和促进孩子智力的发育，我们要根据孩子的年龄来选择适合孩子的益智小游戏，训练儿童的逻辑思维能力和推理能力。

分纸片：提升孩子的分类归纳能力

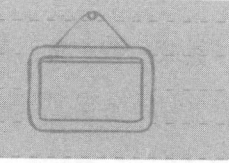

学龄前的大龄儿童已经有了一定的概括能力，我们需要训练强化其这一能力，常见的是分类的方法，比如，要求孩子把摆在一起的食品和日用品分开，把动物和植物分开，把蔬菜和

水果分开，等等。这种训练可以帮助孩子的思维从具象进入抽象，而具有抽象概括能力是儿童智力的一次大飞跃。

另外，训练孩子的归纳能力，我们还可以从一些早教游戏着手，比如分类游戏。

游戏准备

红色、蓝色、黄色的小纸片，3个分别为红、黄、蓝颜色的盒子。

操作方法

家长准备一些红色、蓝色、黄色的小纸片，再准备3个盒子，分别也是红色、蓝色、黄色，然后告诉孩子，把红色的纸片装进黄色的盒子里，把蓝色的纸片装进红色的盒子，把黄色的纸片装进蓝色的盒子，看孩子是否能记住这些颜色配对。

训练指南

当孩子开始能独立思考的时候，家长就可以进行一些奇数或偶数数列和递减数列的训练。比如，要求他在5、7、9、10、11、13、15这7个数中去掉一个多余的数。看他能否从这个奇数数列中挑出那个多余的偶数10。这种数的概括推理方法，小学一二年级的学生也不是轻而易举就能掌握的。但如果常能以有趣的方式给予孩子思维训练,孩子就可以更早获得这方面的成功。

举一反三：培养孩子的逻辑思维能力

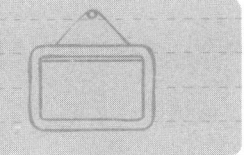

逻辑思维，是一种高级思维形式，指的是符合某种人为制定的思维规则和思维形式的思维方式，常被称为"抽象思维"或"闭上眼睛的思维"。

对于成长中的孩子来说，他们在未来的学习中，都要接受逻辑思维题的测试，这类问题的突出特点是试题灵活，难度较大，并且需要很强的逻辑思维功底。而这就需要我们父母从小训练孩子的逻辑思维能力，其中，举一反三就是这样的训练游戏，这一游戏能帮助孩子理解事物之间的关系，并能举一反三地发现其他事物中是否存在同样的关系。

游戏准备

营造轻松和谐的亲子交流氛围。

操作方法

家长先提示一个事物,让孩子找到另一个相对应的事物。比如:"车库和汽车的关系,就好比衣柜和什么的关系呢?"

确定孩子理解事物之间有着对应的关系后,进一步让孩子思考后填空:

笑对于高兴就好像哭对于_____;耳朵对于听就好像眼睛对于_____;天空对于飞机就好像大海对于_____。

小提示:如果是爱思考的孩子,可以鼓励他说得越多越好,也可以让孩子出题家长回答。

训练指南

通过一个个的小游戏,孩子不仅获得了快乐,更锻炼了逻辑思维,何乐而不为呢?

第 07 章
空间感知力训练游戏：
帮助孩子打好空间思维基础

所谓的空间知觉能力，就是人们对客观事物的空间形式进行观察、分析和抽象感知、感觉的能力。这种能力的特点是会在孩子头脑中构成观察对象的空间形式和简明结构，形成一种立体观念，是人的右脑技能。空间感知是孩子智力的重要组成部分，也是孩子认知发展的重要方面，对未来的学习、生活等都有非常重要的影响，家长一定要耐心培养。那么，如何在游戏中训练孩子的空间感知力呢？接下来，在本章中，我们一一介绍。

镜子游戏：让孩子学会分辨真假自我

生活中的家长们，你是不是发现孩子非常喜欢照镜子？他是不是特别爱在镜子面前玩，看到镜子里面的自己还会开心地大笑？不少孩子还会用手去触摸镜子中的自己，用拍打着的方式去玩耍，还有的孩子会对着镜子大吼大叫，似乎在喊镜子中的自己。我们都知道，镜子里的影像和我们现实中是有区别的，孩子非常喜欢照镜子，家长不要认为这样是"臭美"，而应该和孩子一起照镜子，让孩子去分辨镜子里自己和现实中的自己的差别，他们的左右、上下、前后和现实中的有什么区别，进而提升孩子的自我认知和空间感知能力。

游戏准备

一面镜子。

操作方法

可以从孩子两三个月的时候就带着他在大镜子面前走动，让他感觉到房间的环境，偶尔可以让他在镜子面前看一会儿，轻轻地告诉他这也是小孩子，并且可以做一个小动作，举手或者摸摸小脸，孩子可能会觉得很奇怪，时间长了之后就会变得轻松起来。

妈妈还可以提前准备一些玩具，让孩子主动走到镜子前玩，父母可以用"小孩子你好啊"这类的话语，告诉孩子与他人打招呼的方式，锻炼孩子的社交能力。

训练指南

镜子游戏是引导孩子发展自我认知和空间认知的优秀亲子游戏，可以让孩子更加了解社交、分享的含义。父母也要正确引导孩子，帮助孩子发展自我的意识，更要鼓励孩子参加集体活动，多与其他人交流，让他发现自己的能力，也会让他发现自己与其他人不同。

结构游戏：与孩子一起搭建"作品"

积木是日常生活中很多父母带领孩子一起玩的游戏，积木是开发孩子智力的好玩具。这里所说的积木不但指可以搭高的木块，还包括了各种可以组装排列的玩具。积木可以提升孩子的空间智能，丰富孩子的想象力，促进孩子创造性思维的发展……玩积木的好处是家长们都知道的。但不是所有的孩子都能玩好积木。该怎样引导孩子，如何给孩子以适当的帮助，这是家长们最感兴趣的。

游戏准备

积木。

操作方法

玩结构游戏最简单的形式就是搭积木。日常生活中父母可以经常与孩子一起搭积木。作品搭建完成之后，家长们可以先给孩子示例介绍自己的作品。比如，你搭的是什么东西，这个东西有什么功能等，随后让孩子模仿着介绍自己的作品。

除了空间智能，通过玩积木，孩子的逻辑思维、语言表达能力也会慢慢地提升，还能增进亲子关系。

训练指南

不同年龄的孩子需要和适合的积木是不同的，这是家长在选购积木的时候首先要考虑的问题。如何挑选符合孩子年龄的

积木？主要看两个方面：一个是安全性，包括积木大小和积木材质；另一个是适用性，主要是考虑到孩子的喜好和所需的运动技能。

以下是选购积木玩具小贴士：

（1）用手摸一摸积木的边缘是否圆润、平滑、无毛刺，以免扎伤孩子。

（2）闻一闻积木的气味，如果有刺激性气味则说明可能含有有害物质。

（3）看看是否掉漆，孩子有时会啃咬积木，容易掉漆的积木不安全。

（4）建议从正规渠道购买有信誉保证的品牌产品，注意查看包装外盒是否有完整的厂家信息和3C认证标志。

只要是安全的产品，无论是塑料还是实木，原色还是彩色都可以放心购买，关键是根据孩子的年龄阶段来进行选择，最大限度地给孩子提供喜爱并有用的积木玩具。

象棋识字游戏：培养孩子初步的空间感知力

空间思维是孩子在未来学习尤其是学习几何的基础，空间位置包括上、下、前、后、左、右。作为父母，我们应该在孩子学前，就通过各种方式，让孩子去感知空间，帮助孩子打好空间思维基础，这样孩子在学习几何知识的时候，才不会吃力。

首先要强调的是，空间思维比较抽象，我们必须用具象、有趣的形式，让孩子去感知空间，这样孩子才会愿意去探索空间，形成空间思维。象棋识字游戏就是通过教孩子学会将象棋子摆在棋盘的固定位置上，认、记、读象棋上的字，并在此基础上，培养幼儿初步的空间感知力。

游戏准备

32枚与棋子一样大的圆形纸板，将原象棋上所有的字，用红、绿两色笔分别照抄在圆纸板的一面。

操作方法

将棋盘铺好，家长用胶水将圆纸板粘在棋盘的正确位置上，露出有字的一面。

将原棋子倒出，由孩子分为红、绿棋两组，家长引导孩子根据棋子上的字在棋盘上对号入座，把棋子摆在棋盘对应的位置上。

孩子会摆后，家长和孩子各摆一组，看谁速度快，谁为第一。

孩子摆熟后，将圆纸板拿走，让孩子试着把棋子直接在棋盘的正确位置上摆好。

训练指南

孩子感知空间，是通过视觉、听觉、触觉等不同的感官进行的，因此我们带着孩子去感知空间，需要调用孩子五官感觉，让孩子在实践中去体验空间，具体的步骤如下：

第一步，以自身为中心去感知空间。

第二步，以其他事物去感知空间，比如桌子上面、下面等。

一般来说，不同年龄段孩子的空间感知能力是有区别的，这里整理了一下，以供大家参考。

2~4岁：以自身为中心，感知上下、前后。

4~5岁：以自身为中心，感知上下、前后位置的物品是什么；能理解不同物体之间的位置关系；能按照指定方向移动。

5~6岁：区分自身左右和物体之间的左右；按照左右方向移动。

斗鸡：训练孩子单脚站立的能力

斗鸡游戏是很多小孩子喜欢的一种游戏，这种游戏能锻炼孩子的运动能力、平衡能力，还有空间感知能力。这一基本运动形式的称谓有多种，北方多称为"撞拐""斗拐"，南方多称为"斗鸡"。

游戏规则是一脚独立，另一脚用手扳成三角状，膝盖朝外，用膝盖去攻击对方，若对方双脚落地，则赢得战斗。在童年游戏中，这是最激烈、最有男子汉气概的游戏，不过有不少女生也喜欢这种游戏，而且玩得很好。

游戏准备

选择一块平坦的场地或草地。

第07章 空间感知力训练游戏：

操作方法

这个游戏，一般是两人一组，就是一条腿抬起、用手托住，膝盖部分伸向前方，双方用单脚一蹦一跳，用那条伸出膝盖的腿互相碰撞，谁被撞得失去平衡，或拐着的腿放下来了，谁就输了。

另外，在人数上，一般有5种玩法：单挑、单人守擂、四人对擂、三人撞、混战。

单挑：只有两个人互相对撞的斗鸡游戏。

单人守擂：其中一人守擂，别人向其挑战，输者淘汰，胜者继续守擂，直到无人挑战为止。

四人对擂：双方各两人，一主将、一副将，即可捉对厮杀。一般是集中力量攻击对方某一人。待其中一人被击败后，再围攻对方另一人。

三人撞：一名实力强者与两名弱者对战。

混战：借鉴军棋下法，主要分为两种。

第一种是歼灭战，双方之间保持十余米的距离，在听到指令后，双方冲向对方，以全歼对方为胜。双方各自有兵营作为休息地，脚不能着地，对方不能攻击。但是不能总待在兵营内耍赖，如果呆在兵营里休息超过时限，则被判负。

第二种是夺旗战，双方队形后放一砖头等物作为军旗，混战中先取得对方军旗者为胜。

训练指南

斗鸡是锻炼平衡和耐力的一种游戏。游戏至少要两个人，不过这一游戏是力量型游戏，无论是家长和孩子玩，还是让孩子和其他小朋友玩，家长一定要注意叮嘱孩子注意安全，不可在游戏中故意碰撞。

包袱、剪子和锤子：发展孩子弹跳的能力

几乎所有的孩子都玩过"石头、剪刀、布"的游戏。儿童教育心理学家认为，这一游戏能锻炼孩子的手指灵活度、反应能力，以及社交技巧，因而受到各个年龄段孩子的喜爱。这一游戏经过演变后就是"包袱、剪子和锤子"，与"石头、剪刀、布"不同的是，这一游戏是用双脚来做的，目的是训练孩子的弹跳能力和空间感知能力。

游戏准备

平坦场地一块。

操作方法

可以由一位家长和孩子两人一组，也可以全家三人一起玩，面对面站立，游戏开始，同时用力向上跳，双脚落地时可

以呈现出三种姿势中的一种：脚并拢表示"锤子"；两脚左右开立表示"包袱"；两脚前后开立表示"剪子"。

需要注意的是，游戏规则是：包袱胜锤子，锤子胜剪子，剪子胜包袱。

训练指南

弹跳力是全身力量、反应速度、身体协调性、柔韧性、灵活性的综合体现。要提高弹跳力，也不是每天跳一跳就行了。在孩子成长的过程中，必须坚持每天锻炼身体，到了一定阶段以后，可以打篮球和进行一些力量型训练，训练时必须注意安全，以免发生意外伤害。

给宠物搭建窝：让孩子感知方位和提高动手能力

不少家庭都养宠物，孩子一般也非常喜欢小动物，我们可以利用孩子的这种心理，用废旧的纸箱子给宠物搭建一个窝。注意，一定要让孩子参与进来，和孩子一起设计，一起搭建，在搭建的过程中，多用方位词和孩子对话，比如"房子的上面，我们做成什么样子？""房子的下面怎么做"等。孩子一边动手，一边感知空间方位，效果会更好。

游戏准备

泡沫塑料、箱子、毛巾等。

操作方法

首先准备好一些平时常见的泡沫塑料，用来给小狗（小猫）窝做地垫，再根据小狗（小猫）大小准备好一个大小适中的箱子，然后准备一条毛巾，这样就可以搭一个简易的小狗（小猫）窝了。

另外，父母可也以带领孩子为流浪动物搭窝，让孩子将爱心付诸行动，这对于孩子形成健康积极的人格也很有帮助。

训练指南

父母是孩子的镜子，孩子是父母的影子。只有富有爱心的父母，才能培养出富有爱心的孩子。生活中，每个孩子都是善良的，天生都喜欢小动物，在这一游戏过后，妈妈也可以培养孩子对小动物的爱心，告诉孩子要把小动物当作自己的朋友。不要将收养的小动物当成玩具来玩弄，必须为饲养它而无偿地付出时间、心力，要为小动物的生命负责。"也许刚开始，由于没有经验，饲养小动物的技能不熟练，此时，你可以寻求父母的指导和帮助，久而久之，当你熟练了以后，就可以自己去做了。""不要笼养在野外自由生活的动物。比如鸟、野兔等，也不要欺负小动物，哪怕只是一只小蚂蚁，因为小动物会疼，它们也有感觉。"

画简易地图：让孩子感知空间方位

教育心理学家认为，2个月至2岁是空间感知能力发展关键期。所谓空间感知能力，指的是我们的孩子对于外界事物的线条、形状、结构、空间位置、方位感等要素特征的敏感力，在进行辨认、分类后，能精确地用语言表达和描述视觉感受，用图画表现出来的综合能力。设计师、航海家、飞行员、雕塑家、画家、建筑师、棋手的这种能力就相当高。在孩子的右脑开发和智能训练中，开发孩子的空间感知能力极为重要。对此，不少教育专家探索出一些训练儿童空间感知能力的方法，其中就有手绘地图提升空间感知能力这一方法。

游戏准备

纸、笔。

操作方法

我们可以带着孩子画简易示意图，比如画卧室的布局、家庭布局，再扩展到小区、街道、学校等。孩子画简易示意图的时候，也是感知空间方位的过程，这对孩子空间思维的提升效果非常明显，是孩子未来学习地图、学会用示意图分析问题的基础。

训练指南

儿童教育学家认为，家长培养孩子的方位感的训练方法还有很多，比如以下的几个。

让孩子学会表达正确的方位概念，如花在花盆里、手在桌子上、玩具在箱子里、球在地上、鸟在天上飞等。

从不同的容器中取放物品，当孩子在容器里取物品时，就是在感知物体深浅、高矮和大小不同的空间。

让孩子用手触摸不同形状物体，感知不同形状的特性。比如，用两手搓动圆柱体、三角体等不同形状，让孩子感知并用语言表达，圆的是滑滑的，三角体的三个角搓不动。

钻隧道。不同形状、不同深浅的隧道会带给孩子感官上的丰富刺激，让他们调动身体的所有感觉器官来感知空间。

用不同的方式靠近物体，如绕着椅子走、穿过走廊、跨过栏杆等，这都是引导孩子用身体感知空间关系的方式。

钻呼啦圈：训练孩子身体协调和空间感知能力

这一游戏适合年龄稍大的、强壮的、会走会跳的大龄孩子，这些孩子喜欢练习大肌肉的技巧，手眼合作完善，食量大增，非常好动，尤其喜欢运动类游戏。这就是为什么国家要求幼儿园一定要有足够的户外活动场地和户外活动时间的原因。当然，针对孩子的这一身体发展特点，我们可以引导孩子做一些有强度的游戏，其中就有钻呼啦圈的游戏。钻呼啦圈可能是生活中很多孩子都喜欢玩的游戏，这一游戏不但能提升孩子的身体协调能力，更重要的是，能让孩子在游戏的过程中提升空间感知能力。

游戏准备

呼啦圈、孩子喜欢的一些玩具。

第07章 空间感知力训练游戏：

操作方法

妈妈站在孩子前面，然后将呼啦圈竖起来，鼓励孩子钻过呼啦圈。

妈妈在一手支撑着呼啦圈时，另一只手可以拿着孩子喜欢的玩具，让孩子钻过呼啦圈可以拿到。

孩子可能还不懂得低头，过呼啦圈时，妈妈可以告诉孩子："头低一点。"如果孩子不愿意走着钻呼啦圈，爬着过也可以。适当抬高呼啦圈，鼓励孩子钻过来。此时最好由爸爸协助孩子完成该动作。

训练指南

与孩子一起玩钻呼啦圈的游戏要注意根据孩子的体能差异调整游戏时间和难度。

"投币"游戏：帮助孩子体会不同大小物品之间的关系

理解物品之间大与小的概念，是儿童空间知觉能力的重要方面，而对于很小的孩子来说，他们是没有大与小的概念的。家长带领孩子玩"投币"游戏，能锻炼孩子对物体大小的感觉。把较小的物体投入较大的物体中可以帮助他们体会不同大小物品之间的关系，并能增强孩子的手眼协调能力。一开始孩子做不好，不要着急，让孩子慢慢练习。

游戏准备

一个较大的容器、一些硬币。

操作方法

在一个较大塑料容器的盖子上开一个狭长的投币口，让孩子把一些小的硬币，一枚、一枚地从这个"投币口"投进容器里。

在他"投币"的时候,家长要大声为孩子数数。硬币被全部投入后,让他自己把罐子里的硬币全部倒出来,重新进行"投币"的游戏。

你在一旁大声数数的声音,也可以帮助他学习计数。

训练指南

家长可以在孩子做这一游戏时,带领孩子认识货币和钱的概念,让孩子识别各种货币,了解各种货币之间的数量多少并如何才能做到等值。我们可以告诉孩子,钱可以买到食物,可以买到衣服,可以买到商店里的所有东西,但金钱也不是万能的,在平时也要学会节约,不可乱花钱,该花的钱一定要花,不该花的钱一定不能花。钱是身外之物,不要把钱当作比生命更重要的东西。存钱固然重要,但正当地花钱同样重要。告诉孩子亲情、友谊、责任心、爱心不能用金钱的多少来衡量,就是花再多的钱也不能买来这些东西。

抛接球：促进孩子空间知觉的发展

球是所有孩子都喜欢玩的一种玩具，并且它是一种可以多角度培养孩子的反应能力、运动技能及提高孩子智商的玩具。不过，球的种类很纷杂，并且玩法各有千秋，家长可以根据孩子的具体年龄来选择游戏种类。对于一些年龄较小的孩子来说，抛接球能锻炼孩子的手眼协调性，促进其空间知觉的发展，增强孩子的感受性。空间智能影响着孩子认知能力的发展，及早地培养孩子的空间智能，对其今后各方面智能的发育都有着重要的意义。

游戏准备

一个和孩子脑袋大小差不多的球。

操作方法

首先选择和孩子脑袋大小差不多的球（太大或太小都不好抓住），然后选择或清理出一块室内或室外的空间，家长坐在离他一两步远的位置，轻轻将球滚到孩子脚边，然后鼓励他把球滚回来。孩子熟练后，慢慢扩大与他的距离。同样，家长也可以试着将球轻柔地弹给孩子，再让他弹回来。

这个游戏的乐趣在于家长和孩子要把球传得很快，家长也可以叫上几个小朋友和孩子一起玩这个游戏。

训练指南

除了抛接外，学会滚球或让球停止都可以帮助孩子提高大动作技能；可以训练幼儿手眼协调能力；还可以帮他们培养时间感，因为需要算出球到达他们身边需要多长时间。

第08章
艺术感知力训练游戏：小小艺术家要从小培养

艺术从来不是艺术本身，而是整个人生观。在家庭亲子教育中，培养孩子的艺术感知力，是右脑开发的重要方面，而将游戏运用到艺术感知力训练中，可以让我们看到孩子们在艺术游戏中感受到的快乐，对他们今后的学习乃至人生都大有裨益。

一起画画：培养孩子时色彩的识别与感知力

孩子对于颜色的感知是从出生开始不断发展的。当孩子开始喜欢涂鸦时，家长如果能加以引导的话，就能开发孩子的艺术感知能力。因此，专家建议家长给孩子提供多彩的油画棒，任其图画，不要求构图，不要求绘画技巧，需要锻炼的是孩子颜色识别与搭配的能力。

孩子是很敏感的，作为他最亲近的人，如果家长一味地呵斥和制止他们涂鸦，粗暴地对待他的"作品"，这对他的心理将会造成很大的伤害，这些消极的声音会严重地打击他的积极性。其实，绘画是表达孩子内心的一种语言，绘画是孩子的一种成长方式。聪明的家长会选择和孩子一起画画，这不仅能培养孩子的专注力，更能增进亲子关系。

游戏准备

一朵花、一片树叶，甚至是一些图形，越简单的事物越好；画材，纸和颜料、油画棒等。

操作方法

一开始可以先做一些简单的画画游戏，比如妈妈画一朵花，让孩子画上一些树叶，或者妈妈画一条鱼，让孩子画上眼睛，诸如此类的小游戏，孩子会玩得非常开心。慢慢地，妈妈可以增加一些难度，画一些复杂的画，让孩子自由地填色，时间长了以后，就可以教孩子临摹简单的画或者自由想象着画画了。

另外，不要认为孩子画得像就是画得好。要知道，我们的目的是激发孩子的画画兴趣和培养他们的艺术感知能力，是为了激发他们的艺术细胞，而不是为了临摹。此时，我们要恰到好处地对其作品给以具体的肯定与鼓励，这能够极大地提升孩子的自信心，增强其对艺术的热爱。当然，鼓励与表扬的语言要具体，比如："你这幅作品的人物的脸画得很有立体感，色彩运用上也朴素大方哦！"

原来对自己并不自信的孩子，听到你的鼓励后，一定会信心十足起来!

训练指南

作为艺术的一种,儿童的绘画应该是自由的。家长鼓励孩子们绘画,其实原本的目的也是开发他们的想象力、观察力、记忆力、审美能力、动手能力等。想象力是创造力的基础,而唯有想象力是会随着年龄的增长,生活阅历的丰富而被逐渐束缚、削弱的。家长可以通过让孩子绘画来发挥他们的想象力,同时保护好孩子们珍贵的想象力。

听声音猜乐器：训练孩子对音乐的感知力

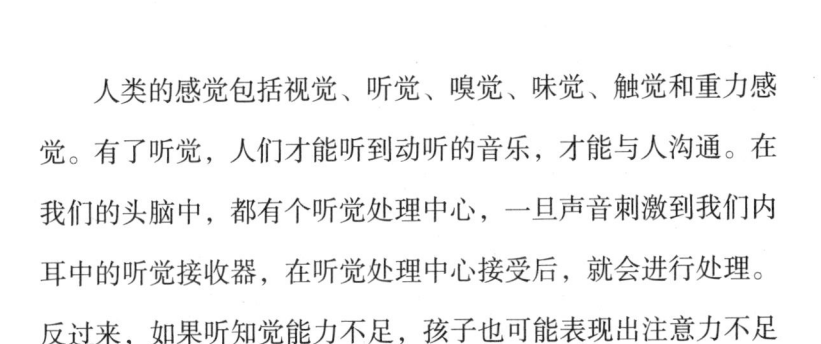

人类的感觉包括视觉、听觉、嗅觉、味觉、触觉和重力感觉。有了听觉，人们才能听到动听的音乐，才能与人沟通。在我们的头脑中，都有个听觉处理中心，一旦声音刺激到我们内耳中的听觉接收器，在听觉处理中心接受后，就会进行处理。反过来，如果听知觉能力不足，孩子也可能表现出注意力不足的现象。如果孩子的听觉分辨力不足，导致听讲困难，听得吃力，甚至听不懂，则容易注意力分散和转移。

听觉记忆能力不佳的孩子，可多做一些听力游戏，比如"听命令做动作""听指示画图""复诵数列""朗诵文章""听声音猜乐器"等。这里我们要介绍的是"听声音猜乐器"的游戏，这一游戏不但能刺激儿童的听知觉能力，更能激发儿童对音乐的感知能力。

游戏准备

小鼓、小喇叭、口琴3种小乐器。

操作方法

先展示3种小乐器，并分别演奏，让孩子熟悉各自的发音特点。然后蒙住孩子的眼睛，弹奏一种乐器，让孩子猜猜是哪种乐器。

训练指南

每个孩子都具有音乐才能,当他还处于婴儿时期的时候,一听到音乐他的身体就会很自然地产生一种反应。而到4岁左右,孩子的这种反应会变得很强烈,这时候他就进入了音乐敏感期。在这个阶段,如果妈妈能满足孩子内心对音乐的需求,那么他的音乐天赋往往就能最大程度地被开发出来。

孩子虽然处于这一敏感期,喜欢哼唱,但对音乐还没有系统的学习,甚至还吐字不清,但这些都是他在表现自己的音乐天赋,他乐在其中。妈妈不要用成人的眼光去评价孩子的歌声,更不要去打击他,也不要强迫孩子去学习音乐。

在音乐敏感期,孩子对音乐感兴趣,喜欢音乐,这只是一种普遍现象,不是所有孩子都在这方面有天赋。即使是要孩子去学习音乐,也要征询他的意见,要照顾到他的兴趣。强迫孩子学习音乐,反而会让他失去学习音乐的兴趣。

剪纸：让孩子按照自己的想象剪出事物

剪纸对孩子来说是一种开发智力的活动，旨在让孩子在愉快的练习过程中发展各方面的能力。剪纸不仅可以增强孩子手部的力量，促进手眼协调能力的发展，而且，随着孩子对剪纸的熟悉，还可以让孩子尝试学习剪纸艺术，剪纸艺术是传统的民间工艺，它源远流长，经久不衰，是中国民间艺术中的瑰宝，已成为世界艺术宝库中的明珠。

在孩子剪纸的过程中，随着纸形状的不断改变，孩子的艺术感知力能得到不断挖掘，对右脑的开发也能起到很好的促进作用。

游戏准备

给孩子准备一些纸和一把安全剪刀。

第08章 艺术感知力训练游戏：

操作方法

要完成这一游戏，最重要的前提是孩子已经学会如何使用剪刀，练习使用剪刀是孩子精细动作训练的重要部分。当孩子已经可以剪出不同形状的时候，可以让他说一说，剪的是什么形状。

接下来是带领孩子完成剪纸的游戏，一开始，我们可以先在白纸上先画好几个大小4~5厘米的几何图形，大人可以作示范，指导孩子怎么沿着画出来的线小心剪开。告诉孩子剪时要尽量贴着线剪开，这样才能得到最好看的图形。剪正方形和长方形时特别注意转角处要剪出直角，不要剪成圆角，剪三角形时每个角都要剪清楚。

当孩子已经熟练掌握了如何剪这些图形后，可以加大游戏的难度，让孩子进一步练习剪出梯形、菱形和平行四边形。最困难的是剪出五角星，因为每个角和每个凹陷都要剪得清楚，剪出的图形才能对称。

在孩子遇到困难时，请帮助孩子一起完成。能和别人一起配合完成游戏，对孩子而言也是一种愉快的学习。

训练指南

生活中不少家长不让孩子使用剪刀，因为他们担心孩子使用剪刀会划伤自己，其实正确地使用剪刀不仅可以促进孩子手部小肌肉灵活性的发展，更能训练他良好的手眼协调性，同时还能够认识形状，增强方位感，对于兴趣爱好、自信心等的培养都有一定的帮助。另外，一旦孩子迷上了剪刀，还有助于锻炼他的专注力和耐心。使用剪刀的好处多多，所以，如果你的孩子开始对剪刀感兴趣，你不妨主动教他使用剪刀的技巧。

听高雅音乐：开启孩子的音乐天赋

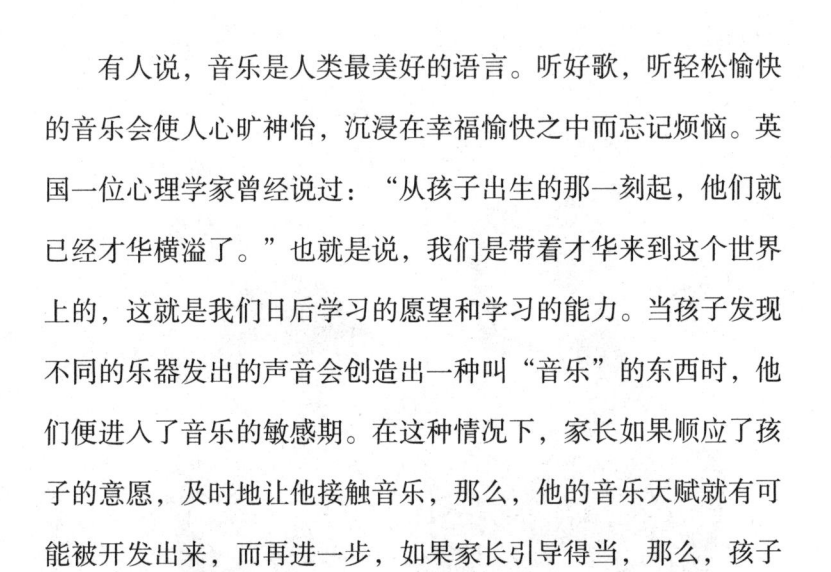

有人说，音乐是人类最美好的语言。听好歌，听轻松愉快的音乐会使人心旷神怡，沉浸在幸福愉快之中而忘记烦恼。英国一位心理学家曾经说过："从孩子出生的那一刻起，他们就已经才华横溢了。"也就是说，我们是带着才华来到这个世界上的，这就是我们日后学习的愿望和学习的能力。当孩子发现不同的乐器发出的声音会创造出一种叫"音乐"的东西时，他们便进入了音乐的敏感期。在这种情况下，家长如果顺应了孩子的意愿，及时地让他接触音乐，那么，他的音乐天赋就有可能被开发出来，而再进一步，如果家长引导得当，那么，孩子也许真的能成为音乐方面的人才。但如果家长视若无睹或者急功近利，都有可能打击孩子的积极性，扼杀孩子的天赋。

对于孩子来说，听一点舒缓、优美的高雅音乐，是训练孩子听知觉功能、开启他音乐天赋的第一步。

游戏准备

音乐播放器。

操作方法

让孩子听一点舒缓、优美的高雅音乐，每天2次左右，每次5~10分钟。也可以让孩子继续听胎教音乐，这样他会感到亲切和安逸。

> 这首是贝多芬的《月光》！

这些音乐不需刻意要求孩子去听，只需把它当作背景音乐，在孩子吃、玩、睡时，放一放即可，他的大脑会不知不觉地记下许许多多的美妙旋律。要让孩子长期坚持听美妙高雅的音乐。

训练指南

音乐是人类的文化瑰宝。用音乐带领孩子走入艺术的世界，不仅轻松，而且有效，家长不如放下手头的工作，抽出一点儿时间和孩子欣赏一首优美的乐章吧！

和妈妈一起插花：开启孩子的审美启蒙

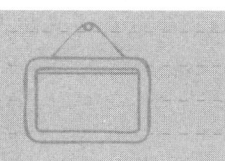

儿童就是天生的艺术家。每个儿童都天生拥有着游戏的精神和艺术的心灵。艺术大师罗丹说，世界上不缺少美，而是缺少发现美的眼睛。每个儿童内心深处都有一种审美的潜能，只是取决于是否能够被浪漫地唤醒，在孩子心中播下美好的种子。要开启儿童的审美启蒙，我们可以从儿童最喜欢的花开始，和孩子一起插花，不但能让孩子学会欣赏美，更能加深亲子关系。

少儿花艺是艺术教育体系中极具特色的启蒙方式，借由有趣的造型，锻炼孩子的精细动作，帮助心智发展。

游戏准备

家长可以去花店买一些花，或者去野外采。此外，还需要准备两把剪刀、花瓶。

操作方法

这一游戏适合已经有一定动手能力的学龄前孩子。

第一步,家长可以这样引导孩子:"今天我们来做个有趣的游戏吧,我们将这些花组合好插入花瓶里,看谁插出来的好看,好吗?"

第二步,当孩子同意后,妈妈可以先拿起剪刀,剪一朵花放进花瓶,让孩子跟着学。如果孩子做得不好,不要指责,要让孩子自由发挥。

最后,当"作品"完成后,无论孩子的成果是怎样的,都要给予鼓励,最好将孩子的"作品"摆放起来,让其他家庭成员都看到,孩子被鼓舞后,会有继续探究如何插花的欲望。

训练指南

很多孩子在上幼儿园之后,老师常常会布置一些简单的手工作业。但是有些父母对孩子做的手工往往不理解,或是让孩子自己完成,或是怕孩子完成不了,自己就给做了。很少有家长会耐心地和孩子一起做。

其实,父母多和孩子一起做做手工,对孩子将会是一种极大的鼓励。而且在手工制作的过程中,还能增加亲子交流的机会，促进亲子关系。陪孩子一起玩、一起绘画、做手工，孩子和父母在一起动手过程中，可让孩子手脑并用，更健康地成长。

而插花，不能简单等同于少儿的手工课，它还会培养孩子对大自然的认知，使孩子了解花谢花开的过程，领悟生命的意义。引导幼儿对植物材料进行观察、整理，通过植物的组合、变形创造出幼儿眼中的奇妙自然。

苹果丰收：让孩子跟着音乐跳舞

毕加索说："我能用很短的时间就画得像一位大师，但我却要一生去学习画得像一个孩子。"因为每个孩子天生就是艺术家，他们完全凭自己的感觉，向这个世界展示着自己的内心。其实儿童在生活中的艺术表现比比皆是，只是我们缺少发现和欣赏的眼睛而已。

成人都喜欢规矩、真实的东西，而孩子的世界里充满了童话般的烂漫。好的艺术启蒙，就是要让孩子按照自己的想法理解这个世界。启蒙孩子的艺术感知力的方法有很多，"苹果丰收"就是很多小朋友们喜欢的游戏，这一游戏可以让孩子跟着音乐跳舞，培养孩子的舞蹈兴趣。同时，让孩子从不同方位摘果子的动作，能丰富幼儿的想象力。

游戏准备

妈妈可以为孩子模拟一个苹果园，然后在墙上的高低不同处分别贴上苹果的图片。

操作方法

游戏开始时，妈妈可以放一段音乐，音乐有配音，内容是：秋天到啦！瞧果园里的苹果成熟了，我们一起去摘苹果吧！小朋友走得很有节奏呢！（妈妈在走的过程中利用表扬的方式提示幼儿听音乐有节奏地入场。）果园到喽！小朋友，你发现妈妈刚才是怎么走进果园的？你来学一学？（如幼儿不知道的话可再跳一遍。）

"下面我再来一次，你们看仔细了，我是怎么走进来的。"（踮脚尖跑）

接下来，妈妈可以引导孩子："果园里的叔叔阿姨忙不过来，邀请我们帮他们一起摘苹果。他们还教了我摘苹果的动作，我来摘给你看。"（妈妈从墙上拿下一个苹果图片）

然后，妈妈可以继续说："上面的苹果被我们摘下来了，还有哪里的苹果我们还没摘？瞧，那边的苹果真大呀，我们去那边摘苹果吧！"

妈妈可以在摘苹果的过程中，一边舞蹈，一边引导孩子跳舞。

结束后，妈妈可以说："我刚才跳了'苹果丰收'的舞蹈，我最后是怎么跳的？这样跳表示什么意思呢？（表示很开心）来，把你们的苹果也端起来给大家看看，转个圈，好开心呀！"

训练指南

大多数情况下相对于男孩来说，女孩更喜欢跳舞，女孩对舞蹈是否有天赋，在她1~4岁的时候就会体现出来，其具体表现有：喜欢模仿大人的动作；能跟上音乐的节奏；动作协调、轻盈、灵活；喜欢电视上的舞蹈节目；愿意和其他小朋友一起表演等。当然，如果你的女儿在这个阶段没有表现出对舞蹈的兴趣，那么，你可以着力培养，一旦你发现女儿喜欢手舞足蹈时，就要积极引导。此外，我们还应鼓励自己年龄较小的女儿学习一些儿童舞。儿童舞动作简单且富有韵律，孩子十分容易掌握。当孩子对自己的舞蹈充满自信时，自然会对舞蹈产生浓厚的兴趣。

参考文献

[1] 七田真.七田真：0~6岁右脑教育法[M].北京：化学工业出版社，2016.

[2] 孔罗，梅娜娜，古埃尔.0~3岁孩子启蒙期100个亲子早教游戏[M].长春：吉林出版集团股份有限公司，2019.

[3] 北京小红花图书工作室.左脑开发右脑开发 4~5岁[M].青岛：青岛出版社，2013.

[4] 七田真.培养右脑思维的33个亲子游戏[M].北京：中华发展出版社，2017.